KB253870

이 책은 저자의 신학적 사유와 목회적 성찰이 균형 있게 어우러진 저서입니다. 작금의 한국교회의 상황에 대한 예리한 분석을 토대로, 몰트만의 하나님 나라와 교회 이해를 깊이 있게 다루면서 현대 교회론의 유형들과 대화를 통해 시의적절한 소통을 시도하고 있습니다. 그뿐 아니라 한국교회의 실천적 적용을 위한 시사점들을 제시함으로써 이론적으로도 탄탄하고 실천적으로도 유용한 통찰을 제공해 주고 있습니다. 진정한 교회의 정체성과 사역에 대해 고민하는 분들에게 매우 의미 있는 길잡이가 될 것으로 기대합니다.

신옥수_ 장로회신학대학교 조직신학 교수

이 책은 한국 교회에 불편한 질문을 던집니다. "당신이 믿는 복음, 정말 성경의 복음입니까?" 그리고 저자는 이 질문에 하나님 나라·삼위일체·교회를 제시합니다. 이를 통해 저자는 복음을 개인 구원의 좁은 울타리에서 끌어내어, 깨어진 모든 관계를 회복시키시는 하나님의 거대한 이야기로 되돌려 놓습니다. 여러 주제들을 하나의 논리로 꿰뚫는 구성은 치밀하고, 몰트만과의 비평적 대화는 지적으로 치열하고 정직합니다. 무엇보다 저자는 서구 신학을 한국 교회의 현실, 특별히 목회 현장 속에서 깊이 있게 해석해 내는 목회자형 신학자입니다. 학문의 엄밀함과 목회적 온기를 함께 지닌 이런 저자가 있기에 한국 교회와 신학의 내일이 밝다고 생각합니다. 신학서이지만 어렵지 않고, 쉽게 읽히지만 가볍지 않습니다. 복음을 다시 읽고 싶은 모든 분들에게 진심으로 추천합니다.

김기현_ 한국침례신학대학교 신학과 교수, 『욥, 까닭을 묻다』 저자기독교를 향한 비신자들의 수많은 질문을 정리해 보면 결국 '하나님이 정말 있다면 왜 세상에 이런 일이 일어납니까?', '하나님이 한 분이 아니라던데 왜 유일신입니까?', '예수님을 믿는데 교회는 왜 그렇습니까?' 정도로 요약할 수 있습니다. 그리고 이를 잘 살펴보면 바로 각각 '하나님 나라', '삼위일체', '교회'에 관한 것임을 알 수 있습니다. 저자가 처음에는 비신자였다가 신학자가 된 몰트만의 관점으로 이 세 주제에 대해 논했다는 것이 흥미로웠습니다. 그런 점에서 복음과 교회에 대해 고민하는 기존의 신자들은 물론, 기독교 신앙에 관심이 있지만 아직은 좀 더 이성적으로 접근하고 싶어 하는 분들에게도 추천합니다.

강신욱_ 비신자에게 복음을 전하는 '낮은울타리' 대표

오늘날 한국교회 안에서 '복음'은 너무도 익숙한 단어가 되었지만, 정작 우리는 그 복음을 얼마나 온전히 이해하고 있는지 되묻게 됩니다. 복음이 하나님 나라의 이야기라기보다 개인의 구원에 머물러 있고, 삼위일체 하나님의 사랑의 공동체라기보다 교회의 성장과 성공의 언어로 소비되고 있지는 않은지 돌아보게 됩니다. 이 책은 바로 이 질문에서 출발합니다. 저자는 이 책에서 복음을 하나님 나라, 삼위일체, 그리고 교회라는 틀 안에서 다시 읽어내며, 그 복음을 우리의 교회 현실 속에서 어떻게 살아낼 수 있는지를 진지하게 묻습니다. 특별히 이 책의 백미는 신학적 논의를 이론에만 머물게 두지 않는다는 데 있습니다. 몰트만의 교회론과의 대화를 바탕으로, 이머징 교회, 선교적 교회, 정치적 교회, 온라인 교회와 같은 동시대의 다양한 흐름 속에서 한국교회가 나아갈 길을 구체적으로 모색합니다. 복음의 본질에 대한 신학적 성찰이 교회의 실제 삶과 어떻게 만날 수 있는지를 보여준다는 점에서, 이 책은 오늘의 교회를 향한 중요한 질문이자 하나의 제안이 될 것입니다. 복음을 다시 묻고 싶은 분들, 교회가 하나님 나라의 공동체로 살아간다는 것이 무엇인지 고민하는 분들께 이 책을 기꺼이 추천합니다.

전원희_ 유튜브 '오늘의 구약공부', '신학배송' 운영자
『히브리어로 읽는 모세오경』 저자늘 책을 읽고 꾸준히 서평을 써 오신 모중현 목사님께서 이번에 복음에 관한 책을 쓰셨다고 하여 큰 기대를 가지고 살펴보았습니다. 이 책은 신학적 지식이 깊지 않아도 하나님 나라와 삼위일체, 교회에 대해 쉽게 이해할 수 있도록 간결하고 명확하게 쓰여 있어 끝까지 흥미롭게 읽을 수 있습니다. 복음이 하나님과 우리의 관계를 회복하신 기쁜 소식일 뿐 아니라, 오늘 우리의 삶과 교회 안에서 어떻게 드러나야 하는지를 균형 있게 정리해 줍니다. 현대 교회의 고민을 외면하지 않으면서도 하나님 나라의 관점에서 대안을 제시하는 이 책을 많은 분들께 추천합니다.

제행신_『이런 결혼, 어때?』저자

저자는 끊임없는 독서를 통해 깊이 있는 사유와 성찰을 해나가는 목회자이자 서평가입니다. 모중현 목사님의 일상에는 언제나 다양한 분야의 책이 있고, 글에는 항상 겸손함과 애정 어린 통찰이 있습니다. 개인 구원에 갇혀 있는 복음과 세속적 성공 논리에 빠져 있는 교회의 현실 속에서 이 책은 우리가 놓치고 있던 복음의 중심을 다시 바라보게 합니다. 또한 '하나님 나라, 삼위일체, 교회'의 개념을 간결하고도 쉽게 전달합니다. 복음과 교회의 본질을 고민하는 모든 그리스도인에게 이 책을 추천합니다.

변준희_ 평화바람 대표

이 책은 복음을 이야기하지만, 읽고 나면 결국 교회를 다시 생각하게 합니다. 우리가 너무 익숙하게 여겨온 교회의 모습이 과연 하나님 나라를 드러내고 있는지 조용히 돌아보게 합니다. 읽는 과정이 결코 가볍지는 않았지만, 그래서 더 오래 붙들고 싶어졌습니다. 교회를 사랑하기에 쉽게 넘길 수 없는 질문들이 담겨 있기 때문입니다. 교회가 무엇으로 존재해야 하는지, 그리고 그 안에서 복음은 어떻게 살아 움직여야 하는지 궁금하다면, 이 책이 좋은 길라잡이가 될 것입니다.

이신형_ 정통 기독교 북튜브 '믿음향기' 운영자

다시 읽는 복음

모중현

하나님 나라와 삼위일체적 공동체를 향한 여정
: 몰트만과 현대 교회론이 나누는 대화

지우

: 차례 :

감사의 글

이 책은 혼자 쓴 책이 아닙니다. 함께 말씀을 읽고 토론하며 생각을 나누어 준 분들이 있었습니다. 말없이 기도해 주고, 때로는 솔직한 질문으로 저를 다시 생각하게 해 준 분들도 있었습니다. 그 이름을 다 적을 수는 없지만, 그분들의 격려와 질문이 이 책 곳곳에 담겨 있습니다.

먼저, 함께 신앙의 길을 걷고 있는 교회와 성도님들께 깊이 감사드립니다. 설교와 강의, 그리고 나눔의 자리에서 말씀을 전하며 제 생각이 더 또렷해졌고, 때로는 정리되지 않던 물음들이 비로소 자리를 잡았습니다. 부족한 설명에도 끝까지 귀 기울여 주시고, 진지하게 받아 주셨던 시간들이 저를 다시 배우게 했습니다. 교회는 제게 무엇을 증명해야 할 공간이 아니라, 말씀을 함께 배우고 삶으로 살아 내는 공동체였습니다.

학문의 자리에서 가르침과 격려를 아끼지 않으셨던 교수님들께 깊이 감사드립니다. 특별히 신옥수 교수님께서는 세심한 배려와 따뜻한 조언으로 석사 과정을 기쁜 마음으로 마칠 수 있도록 이끌어 주셨습니다. 배움의 시간은 지식을 쌓는 과정을 넘어, 신학이 삶을 향해야 한다는 사실을 깨닫게 해 주었습니다. 그 가르침은 지금도 제 생각과 목회의 방향을 붙들어 주는 소중한 토대가 되고 있습니다.

곁에서 묵묵히 지지해 준 가족에게도 고마운 마음을 전합니다. 긴 시간 책상 앞에 앉아 있던 순간들을 이해해 주었고, 말없이 기도로 함께해 주었습니다. 그 따뜻한 동행이 이 글을 끝까지 쓸 수 있게 한 힘이었습니다. 무엇보다 이 모든 여정의 시작과 끝에 계신 하나님께 감사를 드립니다.

2026년 2월 김해에서
모중현

이 책은 복음을 '하나님 나라', '삼위일체', 그리고 '교회'라는 관점에서 다시 풀어보려는 시도입니다. 기존의 복음은 개인의 구원에 주로 집중되어 있었습니다. 하지만 성경에 나타난 복음은 그 이상입니다. 특히 예수님께서 전하신 복음은 하나님 나라의 복음이었습니다. 하나님 나라의 중심에는 삼위일체 하나님의 사랑과 공동체적 관계가 놓여 있습니다.

그러나 오늘날 교회에서는 이 복음의 풍성함을 온전히 듣기 어렵습니다. 하나님 나라를 말하면서도 개인 구원에 갇혀 있고, 교회를 말하면서도 세속적 성공과 권력의 논리에 빠져 있는 현실을 봅니다. 복음은 종교적 위로가 아니라, 세상의 질서를 새롭게 하시는 하나님의 선포입니다.

복음은 본질적으로 공동체적인 이야기입니다. 삼위일체 하나님은 사랑이시며, 우리를 사랑의 존재로 창조하셨습니다. 복음은 깨어진 하나님과 인간, 인간과 인간, 인간과 피조 세계의 관계를 치유하고 회복하는 좋은 소식입니다. 복음은 개인이 소유하는 어떤 것이거나 내세에서 얻는 결과물로 축소될 수 없습니다.

이 여정에서 저는 위르겐 몰트만(Jürgen Moltmann)과 대화하려 합니다. 몰트만은 하나님 나라를 종교적 개념이 아니라 세상의 치유와 해방을 향한 하나님의 통치로 이해했습니다. 그는 교회를 하나님 나라를 선취하는 공동체로 보았고, 삼위일체 하나님의 사랑과 교제 안에서 세상을 향해 열린 공동체로 제시했습니다. 몰트만의 통찰은 교회를 내부적 안정이나 확장에만 머무는 집단을 넘어, 가난한 자와 소외된 자를 품는 하나님 나라의 증거로 재구성하는 데 깊은 통찰을 줍니다.

이 책은 크게 두 부분으로 구성되어 있습니다. 1부(대화를 위한 준비)에서는 '하나님 나라'(1장), '삼위일체 하나님'(2장), '교회'(3장), '몰트만의 교회론'(4장)을 차례로 다루며, 복음의 본래 틀을 정리해 보고자 합니다.

이어지는 2부(대화)에서는 '현대 교회론과 몰트만 신학과의 대화'(5장), '한국교회를 위한 제안'(6장)을 통해 복음과 교회를 새롭게 바라보는 길을 함께 모색합니다. 특별히 5장에서는 현대 교회론의 여러 논의들 중 가장 대표적인 이머징 교회와 선교적 교회를, 그리고 근래 들어 많은 분들이 고민하고 있는 정치적 교회와 온라인 교회를 대화의 상대로 선정했습니다. 현대의 교회는 어느 한 모델로 특정되기보다는 여러 모델들이 각 개교회의 정황에 맞게 혼합되어 있습니다. 5장의 논의는 이후 더 많은 이들과 교회 안에서 깊이 있는 대화로 이어지기를 기대합니다.

저는 몰트만의 신학을 비판 없이 수용하는 것이 아니라, 그와 대화하고 그의 주장을 검토하는 가운데, 한국교회의 현실 속에서 하나님 나라를 어떻게 살아낼 수 있을지 고민하려 합니다. 이 책이 복음의 본래 힘을 다시 발견하고, 하나님 나라를 향해 나아가는 발걸음에 작은 도움이 되기를 소망합니다.

제 1 부 대화를 위한 준비

1 장   하나님 나라

A. 복음 : 하나님 나라!

복음(福音, gospel)은 헬라어로 '유앙겔리온'(εὐαγγέλιον)입니다. 이 단어는 '좋은', '선한'(good)이란 뜻의 '유'(εὐ)와 '전하는 말'(message), '소식'(news), '명령'(command)을 뜻하는 '앙겔리아'(ἀγγελία)가 합쳐진 말입니다. 그래서 복음은 "좋은 소식" 또는 "기쁜 소식"을 의미합니다.

성경 전체를 하나의 이야기(metanarrative)로 본다면, 이 좋은 소식은 다양한 방식으로 표현될 수 있습니다. 신학자 칼 바르트(Karl Barth)는 복음을 '하나님과 인간 사이의 깨어진 관계가 다시 회복되었다는 소식'[1]이라고 말합니다. 바르톨로뮤(Craig Bartholomew)와 고힌(Michael Goheen)은 성경 전체를 "하나님 나라" 이야기로 설명하며, '하나님이 세상을 다스리신다'[2]는 주제를 강조합니다. 스캇 맥나이트(Scot McKnight)는 복음을 '왕이신 하나님의 통치 이야기'[3]로 읽어야 한다고 주장하고, 크리스토퍼 라이트(Christopher Wright)는 '성경 전체를 관통하는 하나님의 선교 이야기'[4]를 강조합니다.

이러한 다양한 관점들은 서로 대립하는 것이 아니라, 하나님의 거대한 구원 이야기를 다양한 각도에서 조명하는 표현입니다. 그리고 이 모든 관점을 꿰뚫는 핵심은 하나입니다. 바로 복음은 하나님께서 깨어진 세상과의 관계를 회복하신다는 좋은 소식이라는 점입니다.

복음은 본질적으로 공동체적인 이야기입니다. 사랑이신 하나님께서 우리를 사랑의 존재로 창조하셨기 때문입니다. 삼위일체 하나님은 사랑이시며, 그분의 성품을 따라 우리 역시 서로 사랑하며 살아가야 합니다. 예수님께서는 십자가를 지시기 전 마지막으로 제자들을 위해 '하나 됨'을 기도하셨습니다(요 17장). 하나 됨은 혼자서는 이룰 수 없습니다. 하나 됨은 '너'가 있어야 가능합니다. '나'만의 하나 됨은 불가능합니다. 즉, 나만의 신앙은 복음이 아닙니다.

결국 복음은 관계입니다. 복음은 깨어진 하나님과 인간, 인간과 인간, 인간과 피조 세계의 관계가 치유되고 회복된다는 좋은 소식입니다. 복음은 개인이 소유할 수 있는 어떤 것이거나 내세에서 얻는 결과물로 축소될 수 없습니다.

이것은 복음이 개인 구원의 문제에 그치지 않고, 세상의 질서를 새롭게 하는 하나님의 선포라는 것을 의미합니다. 복음은 깨어진 관계를 회복시키시는 하나님의 능동적인 사랑의 역사입니다. 하나님께서는 인간의 불순종과 반역에도 불구하고, 신실하신 언약을 이루시고, 모든 관계를 다시 세우십니다.

이사야 40장은 이러한 복음의 아름다움을 잘 보여줍니다. 포로 생활의 아픔과 절망 가운데 있던 이스라엘에게, 하나님께서 주신 기쁜 소식은 정치적 독립 이상의 것이었습니다. 그것은 하나님의 임재와 통치, 다시 말해 하나님 나라의 선포였습니다.

> 높은 산 위로 올라가세요,
>
> 기쁜 소식을 알리는 그대 시온!
>
> 그대의 목소리를 힘껏 높이세요,
>
> 기쁜 소식을 알리는 그대 예루살렘!
>
> 목소리를 높이세요. 두려워하지 마세요.
>
> 유다의 도시들을 향해 말하세요.
>
> 보십시오, 여러분의 하나님이십니다!
>
> (사 40:9, 새한글성경)

이러한 기대와 소망은 이사야 52장에서도 잘 드러납니다. 여기에는 억눌림이 있는 곳에 자유를 주시는 하나님에 대한 갈망이 잘 드러납니다. 참된 자유를 기대하는 것이지요. 이는 나약한 이스라엘을 위해 대신 싸워주시는 능력의 하나님에 대한 간절한 바람, 나아가 온 세상에 정의와 평화를 주시는 사랑의 하나님에 대한 간절한 소망이 담겨있습니다.

얼마나 사랑스러운가요, 기쁜 소식을 알려 주는 사람의 발은!

그 발이 산 위에 있습니다.

그는 평화를 널리 알립니다. 좋고도 기쁜 소식을 알려 줍니다.

구원을 널리 알립니다.

시온에게 말합니다. "그대의 하나님이 임금으로 다스리신다!"

그대 시온의 파수꾼들의 소리로군요.

그들이 소리를 높이는군요. 함께 기뻐 외치는군요.

여호와께서 시온으로 돌아오실 때,

그들이 서로 눈을 마주하고 볼 것이기 때문입니다.

유쾌하게 함께 기뻐 외치세요,

예루살렘의 폐허들이여!

여호와께서 자신의 백성을 위로하셨기 때문입니다.

예루살렘을 되사셨기 때문입니다.

여호와께서 자신의 거룩한 팔을 드러내셨습니다,

모든 민족의 눈앞에서요.

땅의 모든 끝이 우리 하나님의 구원을 볼 것입니다.

(사 52:7-10, 새한글성경)

이러한 놀라운 환상은 이스라엘 백성들을 가슴 뛰게 했습니다. 하지만 그들의 현재 상황은 소망과 동시에 좌절을 경험하는 것이었습니다. 포로에서 귀환한 이스라엘 백성들은 또다시 로마의 지배를 받게 됩니다. 진정한 구원은 여전히 보이지 않습니다. 하나님께서 대적들을 부수고 온전하게 통치하신다는 그 말씀은 이루어지지 않은 것만 같습니다. 답답하고 속상합니다.

바로 이 절망과 기대가 교차하는 자리에 예수님께서 등장하십니다. 그리고 그는 선포하십니다.

때가 찼고 하나님의 나라가 가까이 왔으니 회개하고 복음을 믿어라(막 1:15)

예수님께서는 이사야가 기대했던 바로 그 하나님의 통치, 깨어진 관계의 회복을 선포하시며, 복음의 실체를 드러내셨습니다. 복음은 더 이상 하나의 메시지에 머무르지 않고, 예수님 자신 안에 실현된 하나님 나라의 현존이 되었습니다.

B. 성경에서의 하나님 나라

1. 예수님과 사도들이 전한 복음

예수님께서 선포하신 복음의 핵심은 '하나님 나라'였습니다.[5] 복음서를 주의 깊게 읽어보면, 예수님의 가르침과 행적은 모두 하나님 나라를 중심으로 펼쳐집니다. 마가는 예수님께서 사역을 시작하시며 선언하셨던 말씀을 기록합니다.

> 때가 찼고 하나님의 나라가 가까이 왔으니 회개하고 복음을 믿어라(막 1:15)

마태복음에서는 예수님이 선포하신 복음이 "천국 복음"(마 4:23; 9:35)으로 요약됩니다. 유진 피터슨의 『메시지』에서는 이 본문을 이렇게 번역합니다.

> 예수께서 … 하나님의 진리를 가르치셨다. 하나님 나라가 그분의 주제였다. 바로 지금, 그들이 하나님의 선하신 통치 아래 있다는 것이었다!(마 4:23; 9:35)

누가는 더욱 명확하게, 예수님의 사역 전체가 하나님 나라를 가르치는 일이었음을 기록합니다.

그가 고난 받으신 후에 또한 그들에게 확실한 많은 증거로 친히
살아 계심을 나타내사 사십 일 동안 그들에게 보이시며 하나님
나라의 일을 말씀하시니라(행 1:3)

예수님께서 전하신 복음은 분명했습니다. 하나님 나라가
가까이 왔고, 하나님의 선하신 통치가 이 땅에 임하고 있다
는 것이었습니다. 예수님의 부활과 승천 이후에도, 사도들은
같은 복음을 이어갑니다. 사도행전은 '예루살렘과 온 유대와
사마리아와 땅끝까지' 퍼져나가는 복음을 '하나님 나라'의 확
장으로 묘사합니다. 빌립은 사마리아에서 다음과 같이 복음
을 전합니다.

빌립이 하나님 나라와 및 예수 그리스도의 이름에 관하여 전도
함을 그들이 믿고 남녀가 다 세례를 받으니(행 8:12)

바울 또한 감옥에 있으면서 다음과 같이 선포합니다.

바울이 … 하나님의 나라를 전파하며 주 예수 그리스도에 관한
모든 것을 담대하게 거침없이 가르치더라(행 28:30-31)

예수님과 사도들은 모두, 복음을 '하나님 나라'와 분리할

수 없는 것으로 이해했습니다. 복음은 하나님께서 이 세상을 새롭게 다스리기 시작하셨다는 선포였습니다.

2. 서신서에서의 하나님 나라

예수님께서 전하신 복음(하나님 나라)은 사도들에 의해 조심스럽게 변화됩니다. 이미 사도행전에서 살펴보았듯 사도들은 '하나님 나라'와 함께 '그리스도의 이름', '그리스도에 관한 모든 것'을 함께 전했습니다. 사도들은 더욱 명확하게 '하나님 나라'를 전하려 했기 때문에, 다양한 그림 언어를 동원하기도 했습니다. 특히 사도들은 그리스도의 십자가와 부활을 더욱 강조합니다. 이는 예수님에 의해 시작된 하나님의 다스림을 부각하기 위해서였습니다.

또한 우리는 당시의 배경을 이해할 필요가 있습니다. 유대인들에게 명확하게 이해되었던 '하나님 나라'는 바울의 독자들인 헬라인들에게는 익숙한 개념이 아니었습니다. 로마의 지배를 받는 상황에서 왕과 왕국이라는 이미지는 자칫 정치적인 곡해를 낳을 수도 있었습니다. 이러한 상황에서 바울은 불필요한 오해를 미리 차단하기를 원했습니다. 복음을 더 분명하게 이해할 수 있는 언어로 표현하기를 원했습니다.[6]

한편으로 신학적인 변화도 있습니다. 예수님께서는 다가오는 하나님의 통치를 바라보았습니다. 바울은 예수님을 통해 이미 그 의가 나타나고 있음을 보면서 말하고 행동합니다. 이제 이 땅은 하나님이신 예수 그리스도를 통해 선한 통치와 다스림 가운데 놓이게 됩니다. 예수님을 통해 '하나님 나라'가 선포되었다면, 바울에게서는 예수 그리스도를 통한 하나님의 의가 선포됩니다.[7]

그럼에도 중요한 것은 여전히 '하나님 나라', 즉 선하신 하나님의 다스림입니다. 바울은 예수님의 십자가와 부활 사건을 기록할 때마다 그 사건이 예수 그리스도를 통해 일어났다고 강조합니다. 강조점은 '십자가와 부활' 이전에 '그리스도'에 있습니다.[8] 그리스도이신 예수님께서 이 모든 일들을 감당하셨습니다. 왕이신 그리스도 예수는 모든 인류를 선하고 아름다운 길로 인도해 주십니다.

'그리스도'(Χριστός)는 히브리어 '메시아'(מָשִׁיחַ)의 헬라어 번역입니다. 즉 '기름 부음을 받은 자'라는 의미입니다. 유대인들이 고대하던 메시아가 곧 그리스도입니다. '그리스도'는 단지 이름만은 아닙니다. 그리스도는 요구이자 주장입니다. 유대인들이 그토록 간절하게 기다린 분이 그리스도입니다. 예수님의 정체에 대한 확언입니다. 기름 부음 받은 자로서의 예수님은 왕으로 오신 분입니다. 메시아의 통치는 우리에게 선한 것을 가져다줄 것입니다.

신약에서 등장하는 하나님 나라라는 표현의 빈도는 신약

전체 대비 복음서에서 약 80%를 차지합니다. 이렇듯 서신서에서는 '하나님 나라'라는 단어를 복음서에 비해 찾아보기 힘듭니다. 그럼에도 우리가 확인할 수 있는 것은 그 안에 여전히 담겨 있는 하나님 나라에 대한 선포입니다. 회개와 하나님 나라의 도래가 그리스도의 직접적인 메시지로 등장하는 복음서에 비해 서신서는 그 표현의 빈도는 적지만 윤리적 혹은 종말론적 맥락에서 공동체의 삶에 적용되는 방식으로 등장합니다. 서신서에 나타난 하나님 나라의 복음은 개인의 죄 용서뿐 아니라, 새로운 공동체(교회)의 탄생과 세계 전체를 향한 하나님의 화해 사역을 포함합니다.

3. 구약에서의 하나님 나라

구약에서는 '하나님 나라'라는 직접적 표현이 자주 등장하지는 않습니다. 그러나 하나님의 통치와 다스림에 대한 이미지는 곳곳에 흐르고 있습니다. 하나님께서 다스리고 통치하는 곳이라면 자연스럽게 따라오는 모습인 것이죠. 태초의 창조에서부터 하나님은 세상을 '좋았더라'라고 선언하셨습니다. 하나님의 손길이 닿는 곳에는 선함과 온전함이 있습니다.

선지자들은, 타락한 세상을 향해 하나님이 회복하는 통치가 올 것을 끊임없이 예언했습니다. 이사야, 예레미야, 에스겔, 다니엘은 하나님께서 백성과 모든 피조물을 다시 회복하실 날을 기다렸습니다. 특히 이사야 2장에서는 수많은 백성이 하나님의 길을 배우기 위해 하나님의 전에 오르는 마지막 날의 모습을 묘사하고 있습니다.

> 말일에 여호와의 전의 산이 모든 산 꼭대기에 굳게 설 것이요…
>
> (사 2:2)

구약은 온 세상의 통치자로서 하나님의 주권과 정의, 평화를 고대합니다. 바로 이것이 신약에서 예수님을 통해 성취된 하나님 나라의 배경이 되는 것입니다.

C. 하나님 나라는 무엇인가요?

우리는 앞서 살펴본 것처럼, 예수님과 사도들이 전한 복음의 핵심이 '하나님 나라'였음을 확인했습니다. 복음서와 사도행전에서는 '하나님 나라'라는 표현이 빈번하게 등장합니다. 서신서에서는 표현은 줄어들지만, 하나님의 선한 통치와 구속 사역을 강조하는 사상이 지속됩니다. 구약 역시 직접적으로는 드러나지 않지만, 하나님의 다스림과 회복에 대한 깊은 기대를 품고 있습니다.

　그렇다면 '하나님 나라'는 무엇을 의미할까요? 성경에서 '나라'라고 번역되는 히브리어 '말쿠트'(מַלְכוּת)와 헬라어 '바실레이아'(βασιλεία)는 단순한 '장소'를 가리키는 것이 아닙니다. 이 단어들은 추상적이고 역동적인 개념으로, '통치', '다스림', '지배'를 뜻합니다.[9] 유대교 문헌에서도 '하나님 나라'는 '하나님의 통치'라는 의미로 사용됩니다. 신약성경에서 '바실레이아'도 이와 비슷한 뜻을 지니고 있습니다.[10]

　로핑크(Gerhard Lohfink)는 예수님의 하나님 나라 선포 안에는 공동체의 존재가 전제되어 있다고 지적합니다.[11] 스캇 맥나이트도 구약성경에서 '나라'란 '왕에 의해 다스림을 받는 백성'을 의미한다고 설명합니다.[12] 이를 종합하면, 하나님 나라란 왕이신 하나님께서 세상을 다스리시며, 그 다스림을 받는 백성이 존재하는 상태입니다.

　한 걸음 더 나가봅시다. '하나님 나라'가 하나님의 통치와 다스림, 그 다스림 가운데 있는 백성을 의미한다면, 그 안에는 '하나님께서 왕이시다'라는 의미가 당연히 포함됩니다. 다스림과 통치에는 자연스럽게 '위치'와 '권세'가 따릅니다. 결국 '하나님 나라'는 왕이신 하나님께서 다스리는 것을 의미합니다. 지금까지의 내용을 포함해 보면, '하나님 나라'는 선하고 능력 많은 왕이신 하나님께서 자신의 창조 세계를 다스리는 것이라 할 수 있습니다.

제가 처음 '하나님 나라'라는 개념을 접했을 때를 떠올립니다. 그때 얼마나 가슴이 뛰었는지 모릅니다. 복음이 개인의 구원에 그치는 것이 아니라, 세상 전체를 아우르는 이야기라는 사실을 깨달았을 때, 저는 감격하지 않을 수 없었습니다. '한 사람 한 사람'이 소중하지만, 동시에 하나님은 그분이 지으신 창조 세계와 모든 피조물도 잊지 않으신다는 사실은 큰 감동이었습니다.

D. 하나님 나라가 이 땅에 임하게 될 때...

앞선 내용들을 떠올릴 때, '하나님 나라'는 결국 위대한 회복, 즉 모든 피조물을 향한 하나님의 마음이 회복되는 것임을 깨닫게 됩니다. 그것은 타락한 세상에 하나님의 통치가 적용되는 것입니다. 예수님께서는 누가복음 4장 18-19절에서 이사야의 예언이 자신을 통해 성취되었다고 선포합니다.

주님의 영이 내 위에 계시네.

나에게 기름을 부어 주셨기 때문이네.

가난한 사람들에게 좋은 소식을 알리도록 하심이네.

주님이 나를 보내셨네. 사로잡힌 사람들에게는 해방을,

앞 못 보는 사람들에게는 다시 보게 됨을 선포하도록 하심이네.

짓눌린 사람들을 해방시켜 내보내도록 하심이네.

주님이 은혜로 받아 주시는 해를 선포하도록 하심이네.

(눅 4:18-19, 새한글성경)

'하나님 나라'가 이 땅에 임하게 되면 이와 같은 일이 일어납니다. 하나님의 통치가 예수 그리스도를 통해 이 땅에 오게 됩니다. 병든 자가 고침을 받습니다. 귀신이 쫓겨납니다. 죄 사함을 받게 됩니다. 사람들은 서로 화해하고 사랑하게 됩니다. 이러한 일들 가운데 사람들은 자신을 향한 하나님의 사랑을 확신하게 됩니다. '하나님 나라'가 임하는 곳마다 어둠의 세력은 물러가고 하나님의 다스리심이 나타납니다.

결국 '하나님 나라'는 종말론적인 선포입니다. 앞으로 자주 마주하게 될 이 '종말론적'이라는 단어는 예수님께서 다시 오실 마지막 날을 기대하고 기다리면서, 지금 이 땅을 바라보는 것을 의미합니다. 죄가 주도하며, 사탄이 주인인 것만 같았던 세상은 결국 끝을 맞이합니다. 그때 하나님의 통치는 지금까지 인간의 역사에 마침표를 찍습니다. 하나님께서는 세계의 반(反) 신적이며 사탄적인 것을 전멸시키십니다.[13]

실상 우리의 관점으로 세상을 바라볼 때, 더 이상의 해답이 없어 보일 때가 많습니다. 답답하고 막막합니다. 획기적이고 철저하며, 완전한 도움이 필요해 보이죠. 그것이 너무도 절실합니다. 하나님의 나라는 그러한 하나님의 도움입니다. 인간의 죄로 인해 파괴되었던 모든 것들이 하나님의 개입으로 인해 바로잡힙니다. 이제 하나님께서 직접 개입하셔서 이전의 선함을 회복하시고, 온전함을 이루어가실 것입니다.

그런 점에서 '하나님 나라'는 세상의 생명과 목표입니다. 잘못된 것이 마무리됨과 동시에 회복되어야 할 것이 시작되는 것이죠. 이 생명과 목표는 하나님의 의도에 부합합니다. '하나님 나라'는 죄에 대한 유효하고 결정적인 방패입니다. 궁극적인 승리입니다. 그것은 세상과의 화해, 즉 하나님의 정의입니다.[14] '하나님 나라'야 말로 인간이 해결할 수 없는 죄를 완벽하게 치유할 수 있는 유일한 방법입니다.

죄로 인해 인간과 하나님의 관계뿐 아니라, 세상 모든 것이 깨어지고 망가졌습니다. 우리가 누려야 할 생명의 근원이 되시는 하나님과의 관계가 완전히 단절되었습니다. 인간과 인간 사이의 깊고 의미 있는 관계도 깨지고 단절되었으며, 그 사이에 이기심과 교만이 가득 들어찼습니다. 창조 질서의 균형도 깨어졌습니다. 피조물이 다 함께 탄식하며 고통을 겪고 있습니다. 모두가 이 고통 앞에 메시아를 고대합니다. 예수님의 십자가는 이 모두를 위해서입니다. 예수님께서는 우리 개개인뿐만 아니라 타락으로 인해 왜곡되고 손상된 모든 피조물을 고치고 회복시키기 위해 십자가를 지셨습니다.

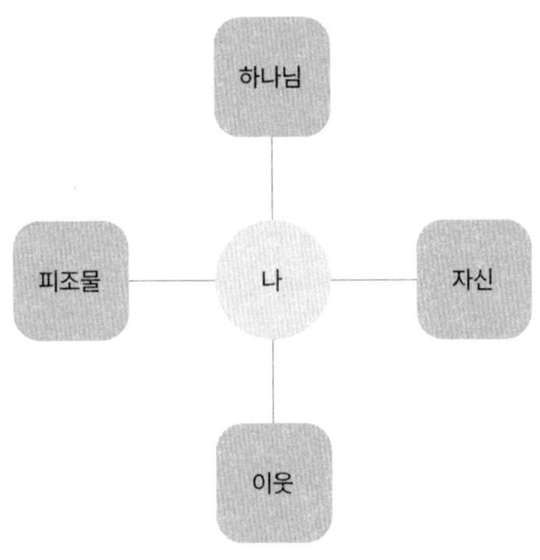

　따라서 우리가 새롭게 회복해야 할 것이 바로 구원에 대한 통전적인 관점입니다. 서론에서도 말씀드렸다시피, 복음과 구원은 결코 개인적인 것으로 축소되어서는 안 됩니다. 삼위일체 하나님은 관계하시는 분이십니다. 그런 하나님께서 하나님의 형상으로 인간을 창조하셨습니다. 그렇기에 우리는 관계적인 존재입니다. 사랑해야만 살 수 있습니다. 성경을 읽을 때나 교리를 대할 때 이러한 관계성을 항상 의식할 필요가 있습니다.

　먼저는 죄로 인해 깨어진 하나님과의 관계입니다. 하나님과의 관계가 가장 기초이자 핵심이기 때문이죠. 인간이 인간답게 살 수 있는 가장 중요한 토대입니다. 하나님과의 관계가 최우선입니다. 하나님과의 관계가 올바르지 못하다면, 다른 관계는 바른 방향으로 설정될 수 없습니다. 삼위일체 하나님께서는 우리를 자신들과의 관계로 초대하십니다. 우리는 마땅히 그 초대에 응답해야 합니다.

하지만 우리는 사랑 많으신 하나님의 초대에 묵묵부답(默默不答)일 때가 많습니다. 아무리 불러도 대답이 없는 것이죠. 왜 그러한가요? 관계가 온전하지 못하기 때문입니다. 깨어져 버렸기 때문입니다. 관계의 깨어짐은 회피를 가져옵니다. 조금만 생각해 보아도 우리는 쉽게 알 수 있습니다. 자녀가 부모 몰래, 하지 말아야 하는 행동을 했을 때를 떠올려 보십시오. 그때 자녀는 부모의 눈을 쉽게 마주치지 못합니다. 피하고 무의식적으로 숨습니다.

이 관계는 말씀에 대한 불순종으로 인해 깨어집니다. 하나님과의 관계가 깨어짐으로 인해 인간은 하나님을 피하게 됩니다. 하나님에 대한 인식이 희미해집니다. 인간은 본질적으로 의존적인 존재입니다. 헛헛한 마음을 숨기려고 곧장 다른 것으로 채웁니다. 이것이 우상이지요. 하나님과의 관계가 깨어진 인간은 필연코 하나님 대신에 우상을 섬깁니다. 그것은 이데올로기나 물질, 쾌락, 권력, 명예 등 다양한 모습으로 표현됩니다.

또한 죄로 인해 파괴된 자기 자신과의 관계입니다. 자아상의 파괴는 올바른 만족을 느끼지 못하게 합니다. 때로는 자신을 지배하기도 하며, 자신으로부터 도피하게도 합니다. 자신을 용서하지 못하게 합니다. 자신의 의지 역시 관리하지 못하게 합니다. 악은 쉽게 저지르지만, 선을 행하는 것은 참으로 어렵습니다. 끊임없는 불만족과 공허함이 생깁니다. 우리는 죄로 인해 진정한 자유를 누리지 못합니다.

다른 사람과의 관계가 파괴되었다는 점도 잊어선 안됩니다. 우리는 다른 사람을 향한 시기와 질투, 이기심, 경쟁심에 사로잡혀 있습니다. 사회에서 관계의 어려움은 상당수 이 관계가 파괴되었기 때문입니다. 교회 공동체에서도 동일합니다. 공동체에 적응하지 못하는 사람들에게 그 이유를 물어보면 대부분이 복음에 헌신하기 싫어서라기보다는 관계의 어려움 때문이라고 대답합니다. 우리는 죄로 인해 정상적이고 온전하며 풍성한 관계를 잃어버렸습니다.

마지막으로 죄로 인해 파괴된 세상(피조물)과의 관계입니다. 현재 우리는 문화를 다스리고 즐기는 것이 아니라 문화에 종속되어 있습니다. 하나님께서 주신 귀한 선물임에도 그것을 누리지 못합니다. 피조물에 대한 양극단의 모습을 봅니다. 자연을 숭배하거나, 착취하며 파괴하거나 말이죠. 세계 양차 대전과 아직도 끝나지 않는 전쟁들만 보아도, 학문과 과학은 인간에 봉사하기보다 인간을 지배하며 파멸로 몰아가고 있습니다.

결국 '하나님 나라'는 이 모든 것을 아울러야 합니다. 모든 문제를 해결해야 하는 것이죠. '하나님 나라' 복음은 우리와 하나님의 관계, 자신과의 관계, 이웃과의 관계, 세상과의 관계의 회복을 위한 것입니다. 이 모든 것을 고치기 위해 메시아이신 예수님께서 이 땅에 오셨습니다. 예수님께서는 모든 피조물을 구원하시기 위해 이 땅에 오셨고, 십자가를 지셨으며, 부활하셨습니다. 하나님께서는 나 자신만이 아니라, 온 세상을 온전하게 변화시키고자 하십니다.

이러한 온전한 관계 회복의 상태를 성경에서는 '샬롬'(שָׁלוֹם)이라고 말합니다. '샬롬'은 인간이 모든 관계에서 평화를 누리는 모습입니다. '샬롬'은 적대감이 없는 상태만을 의미하지 않습니다. 강대국이 약소국을 침범하지 않는 것을 '샬롬'이라고 할 수 없습니다. 전쟁이 없는 상태 이상이어야 합니다. 연약한 자도 화목을 누리며, 행복할 수 있어야 하는 것이지요. 고착된 불평등의 관계가 해소되어야만 하는 것입니다.

결국 '샬롬' 안에 거한다는 것은 하나님과 자신, 이웃, 세상과의 모든 관계를 온전히 누리는 것을 의미합니다. 평화와 함께 화목의 상태를 포함하는 것이지요.[15] 이는 '안전과 평안' 나아가 '번영과 번성'까지도 내포합니다.[16] '샬롬'이야말로 '하나님 나라'에 이바지하는지를 판단하는 간단하고도 정확한 잣대라고 할 수 있습니다. '하나님 나라'는 승리나 쟁취의 이미지가 아닙니다. '하나님 나라'는 평안과 화목, 번영과 행복입니다.

그렇기에 하나님 나라는 연약하고 소외된 자를 돌아보고 다가가는 복음입니다. 이 복음과 구원은 정치적 삶을 포함한 인간의 모든 현실 속에서 구현되어야 합니다. 하나님 나라는 이 모든 것을 포괄합니다. 적대적인 집단까지도 포함하는 나라입니다.[17] 예수님은 새로운 비전을 제시하십니다. 그것은 곧 탐욕 대신 은혜를 앞세우고 경쟁 대신 긍휼을 외칩니다. 이것이 바로 내면적 변화와 외적인 변혁을 모두 추구하는 비전입니다.

예수님께서는 '하나님의 다스림'이 이 땅에 오기를 간절하게 추구하셨습니다. 몸소 하나님 나라가 되어주셨습니다. 예수님은 내용뿐만 아니라 방법까지도 선하신 하나님의 다스림이 표현될 수 있도록 사셨습니다. 그 방식은 당시의 유대인들이 생각하지 못하는 것이었습니다. 그렇기에 미련해 보이기도 하고, 엉뚱하게 느껴질 수도 있었죠. 그리스도이신 예수님께서 이 땅에 오심으로 시작된 하나님 나라는 무척이나 새로웠습니다.

E. 예수 그리스도의 오심으로 시작된 하나님 나라

이스라엘 백성들은 큰 위기에 처했습니다. 강대국들은 계속해서 이스라엘을 정치적·군사적으로 압박했습니다. 그럼에도 이스라엘의 왕과 백성들은 하나님을 찾지 않았습니다. 끊임없이 그들과 함께하시며, 그들을 인도하셨던 하나님을 의존하지 않았던 것이지요. 그들은 결국 포로로 끌려가며, 그곳에서 갖은 수치를 당합니다. 그들의 종교에서 가장 중요한 성전도 파괴됩니다. 이스라엘 백성들은 더 이상 어떤 희망도 발견할 수 없습니다. 하나님께서 임재하시는 상징인 성전이 파괴되었고, 이스라엘 백성들은 포로 생활로 인해 뿔뿔이 흩어졌습니다. 이후 유대인들은 이방인들에게 굴욕을 당했던 그 시간을 맘속 깊이 새겨두게 됩니다. 훗날에 이방인들을 다시 정복하고 그들을 지배하고자 하는 마음과 함께 말이죠.

유대인들은 하나님께서 자기 백성을 구원하시고, 압제자들을 멸하실 것이라 기대했습니다. 그러한 강력한 구원 사역(새로운 하나님 나라)은 메시아를 통해, 즉 기름 부음 받은 왕을 통해 시작될 것이라 믿었습니다. 이 구원자는 다윗 왕조의 후손이며, 큰 힘으로 로마인들에 맞서 자기 백성을 끌어낼 것입니다. 유대인들이 고대하던 메시아의 이미지에 사실상 고난받는 종에 대한 개념은 거의 없었습니다.

제2성전기[18]의 정치적 상황은 유대 공동체에 다양한 분파를 만들어냈습니다. 유대 공동체의 분파인 에세네파, 사두개파, 바리새파 등은 각자가 추구하는 목적과 그것을 이루는 방법이 달랐습니다. 이러한 차이가 있었음에도 그들이 기대하던 메시아상은 거의 일치했습니다. 그들은 팔레스타인에서 로마인들을 축출하고 모든 일을 바로잡아 줄 메시아를 소망했습니다. 이러한 희망은 제2성전기에 기록된 문헌들을 통해 더욱 구체적으로 알 수 있습니다. 그 시대에 기록된 솔로몬의 시편[19] 중 일부를 살펴봅시다.

죄인이 교만하여져서 공성퇴로 견고해진 성벽을 무너뜨렸으나 주께서 그를 막지 않으셨도다. 이방 민족들이 주의 제단에 신을 신고 올라와 교만하게 그곳을 짓밟았나이다. 이는 예루살렘의 자손들이 주의 거룩한 것들을 더럽히고 불의로 하나님의 제물을 모독하였음이니라. 그러므로 주께서 말씀하시기를 "그들을 내 앞에서 멀리 던져 버리라" 하셨나이다(솔로몬의 시편 2:1-4)

주여 보소서. 그들을 위하여 그들의 왕 곧 다윗의 자손을 일으키소서. 주께서 정하신 때에 그로 주의 종 이스라엘을 다스리게 하소서. 그에게 능력을 주사 불의한 통치자들을 쳐부수게 하시고 예루살렘을 멸망시키려고 짓밟는 이방 민족들을 완전히 멸하

게 하소서(솔로몬의 시편 17:23-25)

시편 기자의 기도는 메시아에 대한 고대의 소망을 상기시 킵니다. 여기서 메시아는 이스라엘을 구원하며, 그들의 압제 자들을 부수는 임무가 있습니다. 또한 하나님의 성소를 더럽 힌 무도한 이방인들을 물리치고 여호와를 향한 예배를 더럽 힌 타락한 유대 제사장들을 내쫓아야 할 임무도 있습니다.

하지만 예수님은 그들의 기대와는 달리 연약한 종의 모습 으로 이 땅에 오셨습니다. 예수님은 예루살렘 중심부가 아닌, 갈릴리에서 조용히 사역을 시작하셨습니다. 그는 폭력과 힘, 강압의 모습으로 오시지 않았습니다. 오히려 그는 낮은 자의 모습으로 오셔서 고난을 겪으셨습니다. 그는 무력 대신 고난 을, 폭력 대신 사랑을 내세웠습니다.[20] 예수님의 모습은 유대 인들이 기대하던 메시아의 모습과 정반대였습니다.

예수님의 말과 행동은 세상과 달랐습니다. 예수님을 통해 시작된 하나님의 나라는 사랑의 혁명이었습니다. 폭력과 저항 이 아닌 긍휼과 용서가 그 혁명의 중심이었습니다. 특별한 정 책이나 지침을 제시하지는 않았지만, 오히려 더욱 강력한 내 적 혁명을 요청하셨습니다. '마음의 돌이킴'(회개)은 사회적 책 임과 연결될 수밖에 없습니다. 진정한 돌이킴은 그에 따른 합 당한 열매가 자연스럽게 뒤따르기 때문입니다.

예수님의 삶과 사역은 기존의 정치 체제를 위협했습니다. 사두개파와 바리새인, 로마인, 저항 세력들은 어느 정도 서로를 인정하며 안정을 추구했습니다. 하지만 예수님께서는 그들의 안락함을 흔드셨고, 그들 마음 한가운데 있는 탐욕과 교만을 지적하셨습니다. 그리하여 이미 그들에게 만연한 위선과 불의를 버리라고 말씀하셨습니다. 예수님께서는 그들에게 삶의 모든 영역, 즉 정치적·종교적·경제적·윤리적 영역에서의 총체적 돌이킴을 요구하셨습니다.

예수님의 삶과 사역은 요란하지 않으셨습니다. 거창하고 화려한 것을 추구하지도 않았습니다. 하지만 그분으로 인해 시작된 하나님의 나라는 우리의 모든 것을 바꾸게 합니다. 예수님께서 추구하고 요구하신 사랑의 삶은 그토록 강력했습니다. 우리의 내적인 모든 것을 변화시킵니다. 더하여 사회 전반적인 체계도 뒤흔듭니다. 하나님께서 다스리시는 삶은 따스하고 인격적입니다. 그럼에도 이토록 강력합니다.

F. 예수 그리스도의 다시 오심으로 완성될 하나님 나라

예수 그리스도를 통해 이 땅에 '하나님 나라'가 시작되었습니다. 하지만 우리 주변을 돌아보면 여전히 고통과 고난, 불의로 가득 차 있습니다. 사람들은 여전히 병들고 목숨을 잃습니다. 가난한 사람들의 굶주림은 계속됩니다. 세계적으로 충분한 식량이 있음에도 국가와 다국적 기업의 횡포로 굶어 죽어가는 사람이 많습니다.[21] 전쟁은 아직도 곳곳에서 진행 중이며, 언제 마무리가 될지 알 수가 없습니다.

우리가 경험하는 주변의 작은 세계만 보아도 금방 알 수 있습니다. 이기심과 탐욕에 사로잡힌 사람들은 타인을 읽지 못합니다. '너'의 이야기가 무궁하지만 '너'에 대해 관심이 없습니다. 오로지 '나'를 위하여 살아가니 삶은 늘 퍽퍽합니다. 고통 가운데 있는 '너'를 보지 못하니, 아픔을 주는 말과 행동을 해도 미안함을 느끼지 않습니다. '사람'을 잃어버린 세상은 차갑고 쓰라립니다. '사람'이 없으니 '사랑'도 자리 잡을 수 없는 것이죠.

예수 그리스도를 통해 '하나님 나라'는 이미 이 땅에 시작되었습니다. 예수님은 사탄과 죄와 죽음을 이기시며 결정적인 승리를 이루셨습니다. 하지만 아직 세상은 완전히 치유되고 회복되지 않았습니다. '하나님 나라'의 완전한 완성은 예수 그리스도께서 다시 오실 때 이루어질 것입니다.

예수님께서는 이 '하나님 나라'와 '현 세상' 간의 긴장을 여러 비유로 설명하셨습니다. 마태복음 25장의 겨자씨 비유(31-32절)와 누룩 비유(33절)는 처음에는 작고 눈에 띄지 않지만, 결국 강한 생명력으로 크게 성장하는 하나님 나라를 보여 줍니다. 하나님 나라는 이미 그 안에 모든 가능성을 품고 있으며, 역동적으로 자라나는 나라입니다.

유대인들은 메시아가 오면 하나님 나라가 단번에 완성될 것으로 기대했습니다. 그러나 예수님을 통해 시작된 하나님 나라는 여러 단계를 거쳐 완성됩니다. 이는 예수님의 탄생을 시작으로 공생애, 죽음과 부활, 그리고 미래의 재림까지 이어지는 긴 여정입니다. 이 흐름은 마치 씨앗이 심겨 발아하고, 자라서 무성한 나무가 되는 과정과도 같습니다.

그렇다면 왜 이런 긴장의 시간이 필요한 걸까요? 이것은 삼위일체 하나님의 사역과 깊이 연결되어 있습니다. 태초부터 성부, 성자, 성령 하나님은 함께 일하셨지만, 인간의 눈으로 볼 때 시대마다 특별히 드러나는 모습이 있었습니다. 예수님이 오시기 전에는 성부 하나님의 사역이 두드러졌고, 예수님의 승천 이후에는 성령 하나님의 사역이 더욱 분명하게 드러납니다.

우리가 살아가는 이 '이미'와 '아직' 사이의 시간은 바로 성령 하나님의 활동 무대입니다. 하나님은 사랑이시기에 모든 피조물이 하나님의 품 안으로 돌아오기를 간절히 원하십니다. 이미 하나님의 사랑을 경험한 사람들은 이 시간이 더디게 느껴질 수 있습니다. 그러나 아직 복음을 알지 못한 사람들에게는 이 시간이 너무나 중요한 순간입니다. 이들에게 하나님 나라의 복음이 전해져야 합니다. 성령 하나님은 지금도 활발하게 하나님 나라를 확장하고 계십니다. 이 가운데 우리의 헌신과 노력을 사용하십니다.

이러한 긴장은 또한 교회와 하나님의 백성을 위한 삼위일체 하나님의 배려이기도 합니다. 하나님은 우리와 함께 하나님 나라를 키워가길 원하십니다. 비록 우리는 죄로 인해 연약하지만, 삼위일체 하나님께서는 우리를 하나님의 일에 초대하십니다. 이것이야말로 참된 축복입니다.

하나님의 사랑은 온 세상에 가득해야 합니다. 가난하고 소외되고 고통받는 이웃들이 실제로 하나님 나라를 경험해야 합니다. 하나님의 다스림은 참된 평화와 사랑, 화목과 풍요를 가져옵니다. 삼위일체 하나님은 우리를 통해 이 사랑을 나누고 싶어 하십니다. 우리가 나누고 섬기고 사랑할 때, 삼위일체 하나님의 사랑이 우리의 공동체와 이웃에게로 흘러갈 것입니다. 그 가운데 하나님은 우리에게 깊은 충만과 기쁨을 선물로 주십니다. 이것이야말로 진정한 은혜입니다.

1. 하나님 나라는 무엇입니까? 책이 설명하는 정의를 다시 찾아 읽고, 그 의미를 나의 언어로 정리해 보십시오.

2. 예수께서 "하나님 나라가 가까이 왔다"라고 선포하신 말씀(막 1:15)은 미래의 약속만이 아니라 현재의 선언입니다. 이 말씀은 우리의 신앙 이해를 어떻게 새롭게 합니까?

3. 구약에서 하나님의 왕 되심을 보여 주는 한 본문을 찾아 읽고, 그 통치의 성격이 무엇인지 살펴보십시오. 그것은 우리가 흔히 떠올리는 '권력'과 어떻게 다릅니까?

4. 하나님 나라의 '이미'와 '아직'이라는 긴장은 우리로 하여금 어떤 태도를 배우게 합니까? 성급함과 체념 사이에서 우리는 어디에 서 있어야 할까요?

5. 하나님 나라를 개인의 내면을 넘어 공동체와 피조 세계 전체를
향한 다스림으로 이해할 때, 복음의 범위는 어떻게 확장됩니까?

6. 하나님 나라의 표지로서 정의와 평화, 샬롬은 오늘 우리의 교회 생
활 속에서 어떻게 드러나고 있습니까?

7. 하나님 나라를 삶의 기준으로 삼는다는 것은, 우리의 가치 판단과
선택을 어떻게 바꾸어야 함을 의미합니까?

2 장 삼위일체로 존재하시는 하나님

• • •

Trinity   Kingdom of God   Church

성경에는 직접적으로 '삼위일체'라는 단어가 등장하지 않습니다. 그러나 성경 전체를 주의 깊게 살펴보면, 곳곳에 삼위일체에 대한 암시가 존재합니다. 삼위일체 교리는 철학적 사유의 결과물이 아니라, 복음과 구원에 있어 중대한 핵심 진리입니다. 특히 하나님 나라와 교회의 관계를 고찰하는 이 책의 흐름 속에서는 더욱 그렇습니다. 따라서 삼위일체 교리에 대한 바른 이해는 필수적입니다.

물론 삼위일체 교리는 매우 난해합니다. 한 분 하나님을 설명하는 것도 어렵지만, 그분 안에 성부와 성자와 성령이라는 세 위격이 있다는 사실을 인간의 언어로 온전히 표현하는 것은 불가능에 가깝습니다. 아우구스티누스(Augustinus)를 비롯한 수많은 신학자가 이러한 어려움을 솔직히 고백해 왔습니다. 삼위일체를 부정해서는 안 되지만, 삼위일체를 완벽히 이해한다고 여기는 것도 위험한 태도입니다.

삼위일체 교리는 이렇게 요약할 수 있습니다. 성부, 성자, 성령 하나님은 본질에 있어서 하나이시며, 서로 구별되는 위격으로 존재하십니다. 세 분 하나님은 서로를 알고, 사랑하며 교제하십니다. 십자가에 달리신 분은 성자이시며, 오순절에 임하신 분은 성령이시고, "너는 내 사랑하는 아들이다"라고 말씀하신 분은 성부 하나님이십니다.

'위격'(person)이라는 개념은 '본질은 하나, 위격은 셋'이라는 신비를 표현하기 위해 사용되었습니다. 세 위격은 각기 인격적이며 서로 구별되지만, 완전한 연합을 이루십니다. 이 관계는 단순한 구조가 아니라 사랑의 교제이자 역동적인 연합입니다. 삼위일체는 하나님이 어떤 분인가를 설명하는 방식을 넘어, 하나님의 존재 방식 자체에 대한 고백입니다.

A. 성경에서의 삼위일체 하나님

성경은 '삼위일체'라는 용어를 사용하지 않지만, 곳곳에서 삼위 하나님이 함께 일하시는 장면을 보여줍니다. 예수님의 공생애가 시작되는 장면은 삼위일체의 조화를 가장 선명하게 드러냅니다. 예수님께서 세례요한에게 세례를 받으시고 물에서 나오실 때, 성령은 비둘기와 같이 임하셨고, 하늘에서는 "이는 내 사랑하는 아들이요, 내 기뻐하는 자라"(마 3:17)라고 하는 음성이 들렸습니다. 이 한 장면에 성자 예수님, 성령 하나님, 성부 하나님의 음성이 동시에 나타납니다. 이는 하나님이 삼위로 존재하신다는 사실을 체험적으로 보여주는 대표적인 본문입니다.

예수님의 선교 명령에서도 마찬가지입니다. "너희는 가서 모든 민족을 제자로 삼아 아버지와 아들과 성령의 이름으로 세례를 베풀고"(마 28:19) 세 위격은 분명히 구별되지만, 단수형 '이름'으로 묶여 있습니다. 이는 삼위 하나님의 본질적 일치를 암시합니다. 마태복음은 이 선언으로 마무리되며, 이스라엘의 하나님이 이제 삼위일체 하나님으로 세상과 함께하신다는 복음을 선포합니다.

예수님의 고별 설교인 요한복음 14-17장에서도 삼위일체 하나님의 역동적인 관계가 강조됩니다. 예수님은 아버지께서 '보혜사 성령'을 보내실 것을 약속하시고, 자신도 제자들에게 성령을 보내신다고 말씀하십니다(요 14:16, 26; 16:7). 성령은 아들을 영화롭게 하시며(요 16:14), 진리 가운데로 인도하십니다. 이 고별 설교는 삼위일체 하나님이 어떻게 함께 사역하시고 서로를 영화롭게 하시는지를 잘 보여줍니다.

바울도 서신 곳곳에서 삼위일체 하나님의 조화로운 사역을 증언합니다. "주 예수 그리스도의 은혜와 하나님의 사랑과 성령의 교통하심이"(고후 13:13)라는 구절은 우리가 매 주일 예배 마지막에 듣는 축도로 익숙합니다. 고린도전서 12장에서도 바울은 성령-주-하나님이라는 삼위일체 하나님의 질서 있는 역할을 묘사합니다. "은사는 여러 가지나 성령은 같고 직분은 여러 가지나 주는 같으며 또 사역은 여러 가지나 모든 것을 모든 사람 가운데서 이루시는 하나님은 같으니"(고전 12:4-6)

베드로 사도도 그의 서신 서두에서 삼위일체 하나님의 구속 사역을 요약합니다. "하나님 아버지의 미리 아심을 따라 성령이 거룩하게 하심으로 순종하고 예수 그리스도의 피 뿌림을 얻기 위하여"(벧전 1:2) 여기에도 구원을 위해 계획하시는 아버지, 적용하시는 성령, 실현하시는 아들이라는 삼위 하나님의 역할이 드러납니다.

구약에서는 삼위일체에 대한 직접적인 언급은 없습니다. 그러나 우리는 '아버지', '지혜', '말씀', '영'이라는 표현을 통해, 삼위일체 하나님의 내적인 교제와 사역의 그림자를 엿볼 수 있습니다. 창세기에서는 하나님이 "우리의 형상을 따라 사람을 만들자"(창 1:26)라고 하시는 다중적 표현이 나오고, 잠언에서는 지혜가 하나님 곁에 함께 있었고(잠 8장), 시편과 예언서 곳곳에서는 '주의 영'이 하나님의 일하심의 수단으로 등장합니다. 초대 교회는 이러한 구약의 다양한 표현을 토대로, 자연스럽게 삼위일체 신앙의 방향으로 나아갈 수 있었습니다. 그들은 성경 속에서 아버지 하나님, 예수 그리스도, 그리고 성령 하나님께서 함께 일하시는 역사를 경험적으로 고백한 것입니다.[22]

B. 역사 속에 일하시는 삼위일체 하나님

하나님 나라를 세우는 사역은 한 분 하나님의 단독 행위가 아닙니다. 이 일은 삼위 하나님께서 함께 이루시는 일입니다. 성부 하나님은 계획하시고, 성자 예수 그리스도는 그 뜻에 순종하여 자신을 내어주셨으며, 성령 하나님은 지금도 우리 안에 내주하시며 그 나라의 완성을 향해 이끌고 계십니다. 창조와 구속, 그리고 장차 올 완성까지 모든 구원사의 무대에 삼위 하나님께서 동역하고 계십니다.

에스겔 선지자는 하나님의 주체적인 일 하심을 다음과 같이 선포합니다.

이스라엘 족속아 내가 이렇게 행함은 너희를 위함이 아니요 너희가 들어간 그 여러 나라에서 더럽힌 **나의 거룩한 이름**을 위함이라 여러 나라 가운데에서 **더럽혀진 이름** 곧 너희가 그들 가운데에서 더럽힌 **나의 큰 이름**을 내가 거룩하게 할지라 내가 그들의 눈 앞에서 너희로 말미암아 나의 거룩함을 나타내리니 내가 여호와인 줄을 여러 나라 사람이 알리라 주 여호와의 말씀이니라(겔 36:22-23)[23]

여기서 두 가지 표현이 반복됩니다. 첫째로 "나의 이름"입니다. 구약에서 이름(שֵׁם)은 단어 이상의 다양한 의미를 나타냅니다. 이름은 자신의 고유한 정체성입니다. 실재에 대한 선포이기도 합니다.[24] 여호와 하나님께서는 자신의 이름을 위해 일하십니다. 에스겔 36장 21절에서 하나님께서는 "내 거룩한 이름을 내가 아꼈노라"라고 말씀하십니다. 하나님의 이름은 하나님의 존재이며, 하나님의 영광입니다.

둘째로 반복되는 말은 "내가 … 하리라"는 표현입니다. 구속의 주체는 인간이 아니라 하나님이십니다. 그분은 이스라엘을 위해서가 아니라, 자신의 영광을 위해, 자신의 이름을 거룩하게 하시기 위해 행동하십니다. 하나님 나라의 주체이자 목적은 언제나 하나님 자신입니다.

하나님께서 시작하신 이 하나님 나라는 예수 그리스도를 통해 역사 속에서 구체화됩니다. 예수님은 종교 지도자나 도덕 교사가 아니라, 하나님의 나라를 이 땅에 실현하신 주체이자 중심이십니다. 그의 십자가와 부활은 하나님 나라 복음의 심장입니다.

요한계시록 5장은 "역사의 두루마리를 열기에 합당하신 분은 오직 죽임당하신 어린 양뿐"이라고 말합니다. 그분이 합당하신 이유는, 십자가에서 자기 생명을 내어 주심으로 진정한 승리를 이루셨기 때문입니다. "일찍이 죽임을 당하신 어린 양이 능력과 부와 지혜와 힘과 존귀와 영광과 찬송을 받으시기에 합당하시도다"(계 5:12) 예수 그리스도는 모든 역사의 열쇠이십니다. 그 안에서 우리는 하나님의 선하심과 공의, 사랑의 통치를 구체적으로 목격합니다.[25]

이 하나님 나라를 지금 여기에서 경험하게 하시는 분이 바로 성령 하나님이십니다. 예수님은 성령을 "보혜사"(위로자, 변호자)라고 부르시며, 성도들이 진리 가운데로 행하고, 장래의 일을 소망하게 하시는 분으로 소개하십니다(요 16:7,13).

성령 하나님은 미래의 하나님 나라를 미리 맛보게 하시는 분입니다. 그분은 하나님 나라가 장차 완전히 임할 것을 보증하시고, 우리로 하여금 그 나라를 기대하며 견디게 하고, 또한 지금 여기에서 선취하여 살아가게 하십니다. 우리는 성령을 통해 하나님 나라의 평화와 화목, 공동체 안의 용서와 사랑, 예배 속의 기쁨과 감격을 경험합니다. 이것은 다가올 하나님 나라의 예고편이며, 하나님 나라가 현실임을 드러내는 현존하는 증거입니다.

이처럼 삼위일체 하나님은 시간 속에서 함께 일하십니다. 창조, 구속, 완성이라는 거대한 구원 이야기 속에 성부, 성자, 성령 하나님은 한마음으로, 하나의 뜻을 품고 일하십니다. 삼위일체 하나님의 일하심은 완전합니다. 실수도, 중단됨도 없으십니다. 그분의 일은 계속되고 있으며, 그 일의 마지막은 하나님의 영광과 하나님 나라의 완성입니다.

C. 관계 속에 계신 삼위일체 하나님

삼위일체 하나님께서 세상 가운데 일하실 수 있는 이유는, 그분의 본질이 사랑과 관계이기 때문입니다. 삼위일체 하나님의 내적인 관계성과 성품이 없다면, 세상을 향한 하나님의 사랑도 설명할 수 없습니다. 사랑은 본질적으로 함께함을 필요로 합니다. 삼위일체 하나님은 영원 전부터 사랑의 교제 속에 계셨고, 그 사랑이 넘쳐흘러 세상을 향해 나아온 것입니다.

하나님은 처음부터 아버지이셨습니다. 창조하시기 전부터, 사역하시기 전부터 성자와의 관계 속에 계셨습니다. 삼위 하나님의 관계는 사랑과 섬김, 상호 존중의 관계이며, 이 관계는 닫힌 삼각형이 아니라 열린 공동체입니다. 하나님은 우리를 그 사랑 안으로 초대하십니다.

그리스 철학이 그려낸 신은 강하고 초월적이며, 인간과는 거리를 두는 존재였습니다. 신은 감정도, 고통도, 어떠한 필요도 없으며 오직 스스로 충족하는 존재였습니다. 인간은 그 앞에서 도구이자 피조물일 뿐이었고, 신들은 서로 경쟁하고 지배하기에 바빴습니다.[26]

하지만 성경의 하나님은 전혀 다릅니다. 하나님은 자신을 관계하는 분으로 계시하십니다. 이스라엘의 하나님은 "너의 고통을 보고, 부르짖음을 들으며, 근심을 아신다"(출 3:7)라고 말씀하십니다. 그분은 아브라함과 이삭과 야곱의 인격적인 하나님이십니다. 하나님은 온 세상을 다스리시는 주권자이시며, 동시에 고통받는 자와 함께 계시는 분이십니다. 지극히 높으신 분이면서, 가장 낮은 자리에 임하시는 하나님이십니다.

만물을 다스리시는 하나님께서는 지극히 높으신 분이십니다. "여호와께서 그의 보좌를 하늘에 세우시고 그의 왕권으로 만유를 다스리시도다"(시 103:19) 여기서 하늘은 인간과 하나님의 절대적인 질적 차이를 의미합니다. 하나님은 하늘에 계시며, 인간은 땅에 있습니다. 하나님은 자유 그 자체이십니다. 거룩하고 높으신 왕이며, 신비롭고 성스러운 존재이십니다.

그러한 하나님께서 우리를 자신과의 관계로 초청하십니다. 온전한 관계를 위해, 하나님은 자신의 능력을 사용하여 우리를 압도하지 않으십니다. 오히려 자기 자신을 비우고 우리에게 다가오십니다.[27] 스스로 자기를 비우시는 행동인 것이죠. 이스라엘과 관계하시고자 하시는 하나님께서는 이제 세상과 관계 맺기를 원하십니다. 이스라엘의 역사 속에서 시작된 구원을 넘어 온 세상을 자신과 화목하게 하고자 하십니다.

성자인 예수 그리스도는 성부 하나님의 그 속성 그대로 자신을 비우십니다. 철저한 순종을 통해 '하나님 나라'를 이루어 가십니다. 예수님은 인간의 모습으로 오셨지만, 완전한 하나님의 형상입니다. 성자는 철저한 순종을 통해 하나님의 본성을 드러내셨습니다. 성부와 성자와의 영원한 관계는 성자의 순종을 통해 이 땅에 보여집니다.[28] 삼위일체의 영원하고도 풍성한 사랑의 관계는 서로 비움을 통해 이 땅에 사랑을 흘려보냅니다.

삼위일체의 이러한 역동적 관계를 설명하는 개념이 페리코레시스(Perichoresis)입니다. 이는 '상호 내재' 또는 '서로를 안에 품음'이라는 의미를 가집니다. 삼위 하나님은 각 위격이 서로를 열어주고, 공간을 내어주며, 함께 거하며, 하나로 움직이는 관계입니다. 그들은 각자의 주체성을 유지하면서도, 완전한 일치와 사랑의 친교를 나누십니다.[29] 그들은 각자에게 서로를 열어줍니다. 그리하여 공간을 내어줍니다. 삼위일체는 스스로 주체이면서도 '너'를 위해 '나'를 내어줍니다.

이 관계는 닫힌 원이 아니라, 움직이는 원무(圓舞)에 더 가깝습니다. 이를 설명하기 위해 우리는 '강강술래'를 떠올릴 수 있습니다. 서로 손을 맞잡고 원을 그리며 노래하고 춤추는 공동체적 형식 속에서, 각자의 자리는 다르지만 하나의 리듬과 방향으로 함께 움직이는 조화가 이루어집니다. 삼위일체 하나님의 사랑도 그렇습니다. 그분은 폐쇄되지 않고, 자신을 세상과 피조물에게 열어주십니다. 그리하여 하나님의 친교는 언제나 '열린 사랑'이며, 초청하는 사랑입니다.

이러한 삼위일체적 친교는 우리에게 깊은 도전과 희망을 줍니다. 우리는 지배와 억압, 경쟁과 배제의 문화 속에 살아갑니다. 힘 있는 자가 중심이 되고, 약한 자는 밀려납니다. 관계는 쉽게 끊어지고, 사랑은 조건적이며, 공동체는 점점 파편화되어 가고 있습니다. 하지만 삼위일체 하나님의 사랑은 다릅니다. 서로를 존중하고, 자리를 내어주며, 하나 됨을 이루는 사랑입니다.

그리고 하나님은 그 사랑의 공동체로 우리를 초대하십니다. 하나님은 우리가 '나'만을 위한 존재가 아니라, '너'를 향한 존재로 살아가기를 원하십니다. 그 사랑 안에서 우리는 지친 이들을 위한 쉼이 되고, 답답한 현실 속에 하나님의 나라를 선취하는 증거가 됩니다.

1. 삼위일체 교리는 왜 복음의 핵심과 연결되어야 합니까? 책의 논지를 다시 정리해 보십시오.

2. 요한복음 17장을 읽고, 예수께서 기도하신 '하나 됨'이 삼위일체 하나님의 관계와 어떻게 이어지는지 생각해 보십시오.

3. 하나님을 관계 안에서 존재하시는 분으로 이해할 때, 우리의 신앙은 어떤 방향으로 이동하게 됩니까?

4. 삼위일체 하나님의 사랑은 일방적인 지배가 아니라 상호적이고 참여적인 사랑이라고 말합니다. 이 사랑은 교회의 권위와 구조를 어떻게 새롭게 보게 합니까?

5. 페리코레시스(상호 내재)라는 개념은 공동체를 이해하는 데 어떤 통찰을 줍니까?

6. 삼위일체적 친교는 교회의 연합을 어떻게 설명해 줍니까? 연합은 획일성과 어떻게 다릅니까?

7. 삼위일체 하나님의 생명과 사랑에 참여하는 교회라면, 우리의 예배와 일상은 무엇을 더 깊이 드러내야 합니까?

3 장 교회, 하나님 나라를 선취하는 공동체

A. 교회의 현주소

오늘날 우리는 '나'를 위한 삶이 모든 것의 기준이 되는 사회에 살고 있습니다. 자기실현은 최우선 과제가 되었고, 타인이나 공동체는 뒷전으로 밀려났습니다. 그 결과, 기술은 눈부시게 발전했지만, 사람들은 오히려 더 깊은 상실감과 불안에 빠져 있습니다.[30] 이는 곧 공동체의 해체로 이어집니다. '너'에 대한 관심은 점점 사라지고 있습니다.

이러한 흐름 속에서, 한국교회 역시 깊은 위기에 직면해 있습니다. 세상은 빠르게 변하고 있지만, 교회는 그 변화에 무관심하거나 심지어 역행하는 집단처럼 비춰집니다. 교회는 종종 무례하고 공격적이며, 자기 이익만을 추구하는 곳으로 인식

됩니다.[31] 한국 개신교는 배타적이고, 타자에 대한 혐오를 드러내는 집단이라는 비판을 받고 있습니다.[32] 평화를 말하지만 실제로는 차별을 지속하고, 영적인 분별을 강조하면서도 사회적 감수성은 결여된 모습을 보입니다.[33]

내부적으로도 상황은 심각합니다. 목회자와 성도들의 반복되는 추문, 교단 간 분열과 갈등, 교회 내 권력 다툼과 명예욕은 교회의 신뢰를 무너뜨리고 있습니다.[34] 결국 많은 성도가 교회를 떠나고 있습니다. 이른바 '가나안 성도'(교회에 속하지 않은 그리스도인)들이 급증하고 있습니다. 그들은 여전히 하나님을 믿지만, 더 이상 교회를 신뢰하지 않습니다. 이 현상은 단지 출석 인원 감소의 문제가 아니라, 교회가 제 역할을 다하지 못한 결과이며, 공동체로서의 신뢰를 상실한 위기의 징후입니다.[35]

더욱 심각한 것은, 교회를 향한 실망이 단지 사람과 제도에 대한 비판으로 그치지 않고, 결국 기독교 전체에 대한 회의, 나아가 하나님 자체에 대한 부정으로까지 번지고 있다는 사실입니다. 이제 우리는 다시 물어야 합니다. 과연 교회는 무엇입니까? 오늘, 교회는 어디에 서 있습니까?

B. 교회란 무엇인가?

구원은 죄 사함이나 내세의 보장으로 축소될 수 없습니다. 우리의 구원은 결코 개인적인 영역에 갇혀 있지 않습니다. 복음은 나 혼자 천국에 가기 위한 메시지가 아닙니다. 그리스도께서 우리를 부르신 이유는 개인과 하나님의 관계만을 복원하기 위함이 아니라 하나님과 이웃, 세상과의 모든 관계 안에서 새로운 공동체를 이루게 하기 위함입니다. 성령 하나님은 우리가 홀로 존재하지 않도록 하십니다. 성령께서 우리를 하나의 몸, 곧 예수 그리스도를 머리로 하는 공동체 안으로 이끄십니다.

구원이란, '나'를 위한 해방이 아니라 '우리'로 살아가게 하는 새로운 삶으로의 초대입니다. 그리스도인은 혼자가 아닙니다. 우리는 삼위일체 하나님의 사랑 안에서 부르심을 받고, 서로를 향한 존재로 살아가도록 초청받은 사람들입니다. 복음은 교회라는 이름의 새로운 공동체에 가입하라는 신나는 초청입니다.[36] 구원받는다는 것은 그리스도가 머리이신 한 몸의 일부가 되는 것을 의미합니다.

교회의 목적은 복음을 전파하는 것만이 아닙니다. 교회 자체가 복음의 실체, 곧 하나님 나라 백성의 모습을 보여주는 공동체여야 합니다. 복음은 이렇듯 사회적 차원을 지닙니다.

복음은 공동체적입니다.[37] 오히려 우리가 하나님의 은혜를 받는 것은 공동체의 지체가 되기 위한 것입니다. 사실 하나님의 목적은 화해된 백성으로 구성되는 "하나의 새로운 인류"[38]를 세우는 것입니다. 즉, 교회는 하나님께서 이루시는 새로운 사회이며, 소외와 단절을 극복한 사랑의 공동체입니다.

신약성경은 이러한 공동체를 '에클레시아'(ἐκκλησία)라고 부릅니다. 교회를 나타내는 '에클레시아'(ἐκκλησία)는 공동의 관심사로 모인 사람들의 모임입니다. 그리스 사회에서 이 단어는 법으로 정한 모임 시간이었습니다.[39] 기독교 이전에 이 단어는 '일단의 어떤 사람들의 모임'이라는 의미로 폭넓게 사용되었습니다. 이 단어는 지극히 일상적인 사람들의 모임을 말했기 때문에, 매우 세속적인 모임들을 지칭할 때도 사용할 수 있었습니다.[40]

초기 기독교는 이 단어를 채택하여, 하나님께 부름을 받은 자들의 새로운 백성 공동체를 표현했습니다. 즉, 교회는 종교 집단이 아니라, 하나님 나라를 살아가는 백성들의 모임이며, 새로운 질서와 가치를 품은 대안 사회입니다.

이 공동체는 이스라엘과의 연속성을 갖습니다. 하나님께서 이스라엘을 부르셨던 것처럼, 이제는 예수 그리스도 안에서 믿음의 공동체가 새롭게 태어난 것입니다.[41] 신약의 교회는 이스라엘의 신앙을 잇되, 예수 그리스도의 메시아적 사역과 성령의 임재로 말미암아 새로운 정체성을 갖게 되었습니다. 또한 교회는 성령 안에 있는 하나님의 백성입니다.[42] 교회의 정체성은 예수 그리스도와 성령의 사역에 깊이 뿌리박고 있습니다.

결국 교회는 삼위일체 하나님의 다스림 안에 있는 공동체입니다. 그 안에서 우리는 함께 구원을 경험하고, 서로를 세우며, 하나님 나라의 백성으로 살아갑니다. 이제 질문은 더욱 분명해집니다. 그렇다면 하나님 나라와 교회는 어떤 관계를 맺고 있을까요?

C. 하나님 나라와 교회

하나님 나라의 이야기는 갑자기 등장하지 않습니다. 그 시작은 창세기 12장, 하나님께서 아브라함을 부르시는 장면에서부터 이미 선포되고 있습니다.

여호와께서 아브람에게 이르시되 너는 너의 고향과 친척과 아버지의 집을 떠나 내가 네게 보여줄 땅으로 가라. 내가 너로 큰 민족을 이루고 네게 복을 주어 네 이름을 창대하게 하리니 너는 복이 될지라(창 12:1-2)

하나님께서는 열방이 무너지고 혼란에 빠진 가운데, 아브라함이라는 한 사람을 새로운 시작점으로 삼으셨습니다. 그 부르심의 목적은 아브라함 개인만을 위한 복이 아니었습니다. 그를 통해 이스라엘을 일으키시고, 이스라엘을 통해 열방이 복을 얻게 하려는 것이었습니다.

하나님께서 주신 '복'은 물질적 번영만이 아닙니다. 그것은 창조 시의 온전함과 관계의 회복을 의미합니다. '복'은 생육과 충만함, 번성과 안식이라는 창조 질서 안에서, 하나님과 피조물, 사람과 사람 사이의 조화로운 관계 속에서 드러나는 선물입니다. 하나님은 무너진 질서를 회복하시기 위해 새로운 백성을 부르셨고, 그 부르심의 목적은 바로 하나님 나라였습니다.[43]

하나님께서 애초부터 이스라엘을 부르신 이유가 바로 하나님 나라입니다. 하나님께서는 계속되는 타락과 무질서에서 피조 세계를 구출하고 싶으셨습니다. 질서를 회복시키고 풍성함의 상태로 되돌려 놓기를 간절히 원하셨습니다. 하나님은 창조 세계 전체에 대한 자신의 지혜로운 주권을 다시 세우기를 원하셨습니다. 하나님은 이스라엘이 이방인의 빛이 되게 하려고 이스라엘을 선택하셨습니다.[44]

하나님 나라의 확장을 위해 하나님의 백성을 부르실 때, 하나님께서는 우리를 공동체로 부르십니다. 처음 아브라함을 부르셨을 때, 그저 아브라함에게만 복을 주시기 위해서 그렇게 하신 것이 아니었습니다. 아브라함을 통해 이스라엘 전체를 일으키시고, 다시 이스라엘을 통해 열방의 나라들에 복을 주시기 위해서였습니다.[45] 하나님 나라의 실재를 보여줄 수 있는 교회(공동체)를 통해 하나님 나라는 지속적으로 확장됩니다.

교회의 목적은 자기를 위한 것이 아닙니다. 교회는 하나님 나라를 위하여 존재합니다. 하나님의 통치를 선포하고, 그 통치를 공동체의 삶으로 증언하며, 궁극적으로 하나님의 뜻이 하늘에서와 같이 이 땅에서도 이루어지게 하는 것, 그것이 교회의 존재 이유입니다. 세상과 철저하게 구별되는 "대조 사회"로서의 참된 공동체가 교회여야 합니다.[46] 교회를 이해하는데 있어서 핵심적으로 고려해야 할 교회의 중심적인 관심사는 바로 하나님 나라입니다.[47]

하나님 나라와 교회는 서로 불가분리의 관계를 맺고 있습니다. 하지만 하나님 나라와 교회가 서로 동일한 것은 아닙니다.[48] 하나님 나라는 전 우주적이며 창조 전체를 아우릅니다. 교회는 그 안에서 선택된 백성, 하나님 나라를 선취하고 증언하는 공동체입니다.[49] 교회는 그리스도 안에서 성취된 하나님 나라에 근거해야 하며, 자신의 사명들을 완성할 하나님의 통치를 기다려야 합니다.[50] 하나님 나라는 더 크고 넓은 틀이며, 교회는 그 안에서 하나님 나라를 미리 보여주는 거울과

창문 같은 존재입니다.

이러한 교회의 사명은 종말론적 시선을 요구합니다. 교회는 하나님 나라의 완성을 고대하며, 현재의 삶 속에서도 그 나라의 빛을 비춰야 합니다. 우리는 예수 그리스도의 부활과 성령의 임재를 통해 이미 하나님 나라에 참여하고 있습니다. 그러나 우리는 여전히 완성을 기다리는 순례자입니다. 그러므로 교회는 종말론적 공동체입니다. 완전한 하나님 나라를 기대하며, 지금 여기에서 그 나라를 살아내는 공동체입니다.

이제 질문은 이렇게 정리됩니다. 교회가 하나님 나라를 드러내는 공동체라면, 그 교회는 누구로부터 시작되었고, 어디를 향해 가고 있는가? 그 답은 다름 아닌 삼위일체 하나님 안에 있습니다.

D. 삼위일체와 교회

그리스도인이 된다는 것은 삶의 방향이 바뀌는 것만은 아닙니다. 그것은 전적으로 새로운 존재로 다시 태어나는 것이며, 삼위일체 하나님의 생명과 교제 안으로 들어가는 것입니다. 우리는 그분의 사랑 안에서 새롭게 창조된 존재입니다. 그리고 이 부르심은 철저히 공동체적인 차원을 갖습니다.

삼위일체 하나님은 사랑의 교제 속에 계신 분입니다. 성부, 성자, 성령은 각기 구별되지만, 서로를 향해 열려 있으며, 완전한 일치와 친밀함을 누리십니다. 레오나르도 보프(Leonardo Boff)는 삼위일체를 "완전한 공동체"라고 부르며, 이 관계성이 교회가 본받아야 할 존재 양식이라고 말합니다. 교회는 삼위일체로부터 시작되며, 교회의 목적은 하나님 나라입니다.[51] 그렇기에 교회는 삼위일체 하나님의 교제와 친밀함을 반영하는 공동체가 되어야 합니다.

물론 삼위일체 하나님의 사랑과 교제를 교회가 동일하게 실현할 수는 없습니다. 그러나 우리는 그 방향을 향해 자라갈 수 있습니다. 미로슬라브 볼프(Miroslav Volf)는 이를 "역사적 최소치에서 종말론적 최대치로 향하는 교회"[52]라 설명합니다. 지금, 이 교회는 작고 불완전하지만, 삼위일체 하나님의 풍성한 사랑과 친교를 점점 닮아가게 될 것입니다.

삼위일체 하나님의 사랑은 본질적으로 자기를 내어주는 사랑입니다. 성부는 성자를 영화롭게 하시고, 성자는 성부의 뜻에 순종하시며, 성령은 이 사랑을 우리 안에 충만히 부으십니다. 이러한 관계성, 상호성, 개방성은 교회가 지향해야 할 공동체의 본질입니다.

교회의 성도들은 결코 고립된 존재가 아닙니다. 우리는 서로 연결되어 있고, 서로에게 영향을 미치며, 서로를 향한 책임을 느끼고 살아갑니다. 교회는 '나'의 경계를 넘어서 '너'를 품는 공동체, '우리'가 되어 가는 여정을 살아가는 곳입니다.

이처럼 교회는 삼위일체 하나님의 사랑에 참여하는 자리이며, 그 사랑을 세상 속으로 흘려보내는 존재입니다. 교회가 이러한 삼위일체적 정체성을 잃어버릴 때, 그 존재 이유도 함께 흐려집니다. 교회는 자기 보존이나 세속적 성공을 위해 존재하지 않습니다. 하나님을 드러내고, 하나님의 사랑을 실천하는 공동체로 살아가야 합니다.

우리는 앞선 장들에서 복음의 핵심이 하나님 나라이며, 그 하나님 나라는 삼위일체 하나님의 구원 사역 가운데 실현되고 있음을 살펴보았습니다. 그리고 교회는 그 하나님 나라를 드러내고 선취하며, 소망하는 공동체임을 확인했습니다. 삼위일체 하나님 안에서 사랑과 관계의 본을 따라 살아가는 이 공동체는 세상 속에서 하나님 나라의 표지(sign)가 되어야 합니다. 이제 우리는 다음 장에서, 그러한 교회를 어떻게 이해하고 살아내야 할지를 깊이 고민한 신학자, 위르겐 몰트만의 교회론을 통해 오늘의 교회를 위한 신학적 길잡이를 찾아보려 합니다.

1. 오늘 교회의 현실을 바라보며 책이 제시하는 가장 중요한 진단은 무엇입니까?

2. 교회를 제도나 조직으로 이해할 때, 우리는 무엇을 잃게 됩니까?

3. 사도행전 2:42-47을 읽고, 초대교회의 모습 속에서 교회의 본질을 보여 주는 요소를 찾아보십시오.

4. 교회가 세상과 구별되면서도 세상 속에 존재한다는 말은 어떤 긴장을 품고 있습니까?

5. 교회가 '하나님 나라의 백성'이라는 정체성과 '세상 속에서 증언하는 공동체'라는 사명은 어떻게 하나로 이어집니까? 이 둘이 분리될 때, 교회는 어떤 모습으로 변질될 위험이 있을까요?

6. 교회가 하나님 나라의 표지라면, 우리 공동체는 무엇을 통해 그 표지를 드러내고 있습니까?

7. 이 장을 읽고 난 뒤, "교회란 무엇인가"라는 질문에 이전과 달라진 대답이 있다면 무엇입니까?

4 장 몰트만의
하나님 나라와 교회

• • •

Trinity Kingdom of God Church

A. 몰트만 교회론의 신학적 배경

신학은 결코 진공상태에서 형성되지 않습니다. 몰트만의 신학도 고통과 역사, 그리고 개인의 삶의 정황 속에서 형성되었습니다. 그는 "삶의 자리"(*Sitz im Leben*)를 강조하며, 신학은 언제나 주어진 현실과 맞닿아 있어야 한다고 말합니다.[53]

몰트만은 1926년 4월 8일 독일 함부르크에서 세속적인 교육자 가정의 아들로 태어났습니다. 그는 기독교와 신학에는 전혀 관심이 없었습니다.[54] 그는 성경보다 현대철학자들을 더 좋아했습니다.[55] 그러나 제2차 세계대전의 참혹한 경험은 그의 삶과 신학의 방향을 바꾸는 전환점이 되었습니다. 1943년, '고모라 작전'으로 불리는 함부르크 대공습 당시 몰트만은 부대가 전멸하고 친구가 포탄에 의해 죽는 모습을 목격했습니다. 그때 그는 처음으로 하나님을 향해 외쳤습니다. "나의 하나님, 당신은 어디 계십니까?"[56]

몰트만에게 3년간의 전쟁포로의 기간은 그 질문에 대한 대답을 찾기에 충분한 시간이었습니다.[57] 수용소에서 그는 한 군목을 통해 성경을 건네받았고, 시편 39편과 예수의 수난 이야기를 통해 고난 속에 함께하시는 하나님을 만나게 되었습니다. 특히 예수께서 십자가 위에서 "나의 하나님, 어찌하여 나를 버리셨나이까?"라고 외친 장면은 그에게 깊은 울림을 주었습니다.[58] 몰트만은 이러한 체험을 통해 하나님과의 인격적인 관계를 경험했고, 이것이 그의 신학적 여정의 출발점이 되었습니다.[59]

몰트만은 이후 자신이 처한 역사적 정황, 독일 민족이 겪은 죄책감, 포로수용소에서의 좌절과 같은 경험들이 신학적 성찰의 중요한 배경이 되었다고 고백합니다. 그는 교회 안에서 신앙을 배운 인물이 아니었기에, 교회를 조직이나 제도가 아닌 존재 이유와 사명을 묻는 말로 받아들였습니다.

1960년대 후반, 그는 독일 본(Bonn)과 튀빙겐(Tübingen) 대학에서 교회의 임무와 미래에 대해 강의하며, 목회자로서 교회에 대해 깊은 고민을 시작했습니다. 특히 아시아와 아프리카, 라틴아메리카와 동유럽을 방문하며, 그는 박해 속에서도 선교적 사명을 감당하는 교회 공동체들을 목격하게 됩니다. 이러한 경험은 그로 하여금 교회를 하나님 나라에 참여하는 공동체로 인식하도록 이끌었습니다.[60]

결국 몰트만의 교회론은 개인의 실존적 체험, 시대의 고통, 세계 교회의 현실을 바탕으로 하나님 나라를 향한 공동체로서의 교회를 그려낸 신학적 응답이라 할 수 있습니다. 그의 교회론은 조직이나 제도로서의 교회가 아니라, 고난의 현실 속에서 하나님을 증언하는 생명의 공동체를 추구합니다.

B. 몰트만이 생각하는 하나님 나라

몰트만의 신학은 처음부터 일관되게 하나님 나라를 중심으로 전개됐습니다. 그는 "하나님 나라와 그의 의를 향한 열정"이 모든 신학의 출발점이라고 강조합니다.[61] 하나님 나라는 단지 신학의 주제가 아니라, 그의 신학 전체를 이끄는 중심 동력이었습니다.

그는 공관복음에서 하나님 나라를 뜻하는 단어 '바실레이아'($\beta\alpha\sigma\iota\lambda\epsilon\iota\alpha$)가 복음서의 핵심 주제임을 강조합니다. 예수 그리스도는 자신이 메시아임을 밝히시며, 자기 삶과 사역을 통해 하나님 나라가 가까이 왔음을 선포하셨습니다. 예수님의 존재와 하나님 나라는 분리되지 않으며, 예수님을 통해 하나님 나라가 실제로 시작되었음을 말합니다.

몰트만은 하나님 나라를 "역사 안에서 경험되는 하나님의 해방적 통치가 종말론적으로 완성되는 것"이라고 정의합니다. 이는 하나님 나라가 현재에도 실제로 경험되며, 동시에 미래에 완전하게 이루어질 것이라는 뜻입니다. 신약성경은 하나님 나라를 '하나님의 주권' 또는 '하나님의 나라'로 번역합니다. 전자는 하나님의 현재적 통치를, 후자는 하나님의 미래적 완성을 강조합니다. 이 둘은 서로 분리되지 않고, 함께 이해되어야 합니다.

몰트만은 이처럼 하나님 나라를 현재성과 미래성의 긴장 속에서 이해합니다. 하나님 나라는 지금, 이 순간에도 실재하지만, 여전히 다가오고 있으며 아직 완전하게 이루어지지 않았습니다. 그는 이 긴장 속에서 교회가 살아가야 하며, 믿음의 실천은 바로 이 두 차원의 하나님 나라를 함께 바라보는 데서 출발해야 한다고 말합니다.[62]

예수 그리스도를 통해 우리는 지금도 하나님의 통치를 경험합니다. 병든 자가 고침을 받고, 소외된 자가 받아들여지며, 죄인이 용서받는 곳에서 하나님의 나라가 임하고 있는 것입니다. 그러나 이 통치는 아직 완전하지 않습니다. 여전히 세상은 고통과 불의, 억압으로 가득 차 있으며, 하나님의 나라는 여전히 '다가오는 나라'로 남아 있습니다. 그래서 몰트만은 하나님 나라를 '이미' 임했지만, '아직' 완성되지 않은 현실로 설명합니다.[63]

이 긴장은 하나님의 나라가 역사를 초월한 추상적인 개념이 아니라, 실제 역사 안에서 진보하고 완성되어 가는 사건이라는 사실을 보여줍니다. 하나님의 나라가 미래의 완성을 품고 있기에, 현재의 변화는 방향을 갖습니다. 반면 현재 안에서 하나님의 다스림을 경험하지 못한다면, 미래의 약속은 공허한 희망이 될 수밖에 없습니다. 그래서 몰트만은 하나님 나라를 향한 기도와 순종의 실천이 함께 가야 한다고 강조합니다.

그는 또한 하나님 나라를 '하나님의 절대적인 지배'로 이해하지 않습니다. 그에게 하나님 나라는 억압적 질서나 상명하복의 구조가 아니라, 삼위일체적 사랑과 관계 안에서 이루어지는 자유롭고 평등한 공동체입니다. 따라서 몰트만은 하나님 나라를 살아 있는 공동체로 이해하며, 이 나라의 통치는 교제와 친밀함, 상호 의존성 속에서 실현된다고 말합니다.

이러한 공동체적 관점은 억눌린 자들에 대한 깊은 연민과 관심으로 확장됩니다. 몰트만은 하나님 나라가 고통받는 이들에게 먼저 임한다고 말합니다. 예수님께서 가난한 자, 병든 자, 죄인, 사회적으로 배제된 사람들과 함께 하신 것은, 하나님 나라가 바로 그들과 함께 시작된다는 증거입니다. 그는 하나님의 나라가 종교적 혹은 내세적 개념에만 머무르지 않고, 정치적이고 사회적인 해방의 현실로 나타나야 한다고 강조합니다.

이러한 이해는 평화(샬롬)와 정의라는 하나님 나라의 특징으로 이어집니다.[64] 하나님 나라는 평화와 정의가 하나 되는 곳이며, 구원은 단순히 개인의 내적 상태를 변화시키는 것을 넘어, 모든 존재와 관계 속에서 이루어지는 전인격적 해방입니다. 따라서 하나님 나라의 구원은 인간 개개인을 넘어 사회와 세계 전체, 나아가 피조물 전체를 아우르는 포괄적인 구원입니다.[65]

몰트만의 하나님 나라 사상은 전통적인 이해와 몇 가지 중요한 차이를 보입니다. 그의 하나님 나라 신학의 첫 번째 특징은 하나님의 역동적인 통치를 강조하면서도, 그 통치가 공동체적 교제와 상호 의존성 속에서 이루어진다는 점입니다. 기존에는 하나님의 주권과 절대적 통치를 강조하는 경향이 강했다면, 몰트만은 여기에 더해 공동체 안에서의 동등성과 상호성을 부각합니다. 그는 이러한 관계성을 통해 하나님의 다스리심이 고정된 권력이 아닌, 살아 있는 역동적인 통치로 이해되어야 한다고 말합니다.

오늘날 세계 곳곳에는 여전히 폭력과 거짓으로 통치하며, 자기 이익만을 추구하는 권력자들이 존재합니다. 그런 현실 속에서 '통치'나 '다스림'이라는 말 자체가 억압과 상처를 떠올리게 합니다. 그래서 몰트만은 힘으로 군림하는 통치가 아니라, 자유로운 교제와 소통이 중심이 되는 나라로서 하나님 나라를 이해하려고 합니다. 그는 '하나님의 나라'를 '하나님의 통치'로 번역할 때 생길 수 있는 신정 정치적 오해를 피하고, 그보다는 안식과 사랑, 기쁨이 가득한 공동체로서 하나님 나라를 강조합니다.[66]

몰트만의 하나님 나라 신학은 자연스럽게 두 번째 특징으로 이어집니다. 성부 하나님은 창조와 섭리 가운데 하나님 나라의 기초를 놓으셨고, 성자 예수 그리스도는 하나님 나라를 우리 가운데 가져오셨으며, 성령 하나님은 이 나라를 오늘 이 자리에서 실제로 경험하게 하십니다. 이처럼 하나님 나라는 삼위일체적 관계 안에서 시작되고 지속되며, 완성됩니다.[67] 이처럼 몰트만은 전통적인 일신론적 통치 개념에서 벗어나, 삼위일체적 관계성을 바탕으로 하나님 나라를 새롭게 이해합니다.

몰트만의 하나님 나라 신학은 결국, 교회가 무엇인지 이해하는 데 결정적인 틀을 제공합니다. 그는 교회를 하나님 나라를 '선취하는 공동체'로 이해합니다. 교회는 하나님 나라 자체가 아니라, 그 나라를 미리 앞당겨 경험하고, 이를 세상 가운데 증언하는 존재입니다. 그리고 이러한 교회의 사명은 교회

자체의 확장이나 유익을 위한 것이 아니라, 오직 하나님의 나라를 위함입니다.

C. 몰트만의 교회와 하나님 나라 이해

몰트만의 교회론에서 중심이 되는 개념은 단연 하나님 나라입니다. 그는 교회를 하나님 나라의 도구나 수단으로 보지 않습니다. 오히려 교회는 하나님 나라에 참여하는 공동체이며, 하나님 나라를 향해 살아가는 존재입니다. 그렇기에 교회는 언제나 하나님 나라와 긴장된 관계 안에 있습니다. 교회는 하나님 나라를 선취하며 증언하는 현존적 공동체이지만, 하나님 나라 그 자체는 아닙니다.[68]

몰트만은 교회를 "미래와 현재 속에 있는 하나님 나라"라고 표현합니다. 이는 교회가 종말에 존재할 하나님 나라를 기다리는 것이 아니라, 지금 여기에서 하나님 나라의 도래를 체험하고 증언해야 한다는 뜻입니다. 그는 하나님 나라를 종말론적 완성으로 이해하면서도, 그 미래가 이미 현재에 실재하고 있다고 강조합니다. 예수 그리스도를 통해 하나님 나라가 시작되었으며, 교회는 성령의 능력 안에서 이 나라를 미리 맛보는 공동체입니다.

교회는 하나님 나라를 지향합니다. 교회의 존재 목적은 교회 자체의 확장이나 생존에 있지 않습니다. 교회의 활동과 모든 헌신은 하나님 나라에 속해 있으며, 그 궁극적 목표는 "성령 안에서, 아들을 통하여, 아버지께 영광 돌리는 것"입니다. 이는 곧, 삼위일체 하나님의 영광을 위한 존재로서 교회를 이해하는 관점입니다.[69]

하나님 나라의 소망은 교회를 해방하는 능력입니다. 종말론적 약속은 우리에게 위로와 희망을 주는 동시에, 지금의 억압과 고통에서 벗어나도록 교회를 자유롭게 만듭니다. 교회는 예수 그리스도의 복음을 통해 죄와 죽음, 율법의 권세로부터 해방되었으며, 하나님 나라의 공의와 자유를 향해 부름받은 공동체입니다. 이러한 종말론적 희망은 교회가 현실을 초월하게 만들지 않습니다. 오히려 이 땅의 현실을 새롭게 해석하고, 변화시킬 수 있는 능력을 부여합니다.[70]

몰트만은 특히 성령의 역할을 강조합니다. 성령은 불가능을 가능케 하시는 분이며, 다가오는 하나님 나라를 현재 속에 실재하게 만드시는 분입니다. 교회는 성령의 능력 안에서 하나님의 통치를 경험하며, 이 통치를 따라 살아가는 훈련을 받습니다. 성령은 교회가 하나님 나라를 드러내는 존재로 살아가게 하시며, 무력함과 절망의 자리에서도 새 생명의 가능성을 열어주십니다.[71]

몰트만은 이처럼 교회를 하나님 나라의 선취(先取) 개념으로 설명합니다. '선취'란 아직 완전히 이루어지지 않은 미래가, 지금 이 자리에서 부분적으로 앞당겨 경험되는 것을 의미합니다. 교회는 미래의 하나님 나라의 일부를 미리 경험하며 살아가는 공동체입니다. 즉, 교회는 다가올 하나님의 완전한 통치의 한 조각을 지금 이 자리에서 보여주고, 이를 통해 세상에 하나님 나라를 증언하는 존재입니다.[72]

이러한 이유로 교회는 영적인 공동체이면서, 동시에 사명을 지닌 공동체입니다. 교회는 그리스도의 잠재력을 품고 있으며, 성령의 능력 안에서 사회적이고 역사적인 한계를 넘어 하나님 나라를 증언합니다. 따라서 교회는 세상에서 도피하거나 탈정치적인 경향으로 물드는 것이 아니라, 오히려 이 세계의 한복판에서 하나님 나라를 향한 소망을 실천하는 공동체가 되어야 합니다.[73]

마지막으로, 몰트만은 공적 신학(public theology)의 중요성을 강조합니다. 하나님 나라는 교회 내부의 언어로만 설명될 수 없습니다. 하나님 나라는 세상 전체를 위한 소식이며, 공공의 삶과 정치, 사회, 문화에 영향을 미쳐야 합니다. 그렇기에 교회는 세상 속에서 하나님 나라의 가능성을 선포하고, 정의와 평화를 향한 하나님의 뜻을 실현하려는 공동체로 존재해야 합니다. 교회는 하나님 나라를 현실화하기 위해 부름받

은, 예언자적 사명을 지닌 공동체입니다.[74]

이처럼 몰트만은 교회를 하나님 나라의 선취로 이해하며, 교회는 하나님 나라를 기다리고 증언하는 종말론적 공동체로서 이 세상 한복판에서 살아가야 한다고 강조합니다. 그러나 이러한 교회 이해가 단순한 실천적 방향 제시에만 그치지는 않습니다. 몰트만의 교회론은 그의 신학 전체를 관통하는 삼위일체적 관계성과 긴밀하게 연결되어 있습니다.

이제부터는 삼위일체 하나님의 역사에 대한 통찰을 바탕으로 몰트만의 교회론을 본격적으로 살펴보고자 합니다. 그의 신학 전반과 마찬가지로, 교회론 역시 삼위일체 하나님의 관계성 안에서 이해되어야 합니다. 앞으로는 메시아적 교회, 그리고 성령 안에 있는 교회를 중심으로 그의 교회론을 더욱 구체적으로 전개하겠습니다.

D. 몰트만의 교회론

몰트만은 기독교 교리의 주요 3부작을 통해 하나님 나라와 삼위일체 신학을 점차 발전시켜 나갔습니다. 『희망의 신학』에서는 종말론적 하나님 나라의 희망을 중심으로 교회를 설명하고, 『십자가에 달리신 하나님』에서는 하나님 나라의 관점

안에서 기독론적으로 교회를 해석합니다. 마지막으로 『성령의 능력 안에 있는 교회』에서는 삼위일체 하나님의 역사 안에서 교회의 다양한 차원을 본격적으로 논의합니다. 이제부터는 이러한 흐름을 바탕으로, 몰트만의 교회론이 어떤 구조와 성격을 지니는지를 하나님 나라 관점에서 살펴보고자 합니다.

1. 삼위일체적 교회

1) 교회론의 위치 : 삼위일체 하나님의 역사 안에 위치한 교회

교회는 삼위일체 하나님의 섭리하시는 역사 안에서 자신의 의미를 발견할 수 있습니다. 교회론은 언제나 포괄적인 관계 안에서 자리 잡기 때문에, 교회는 독립적으로 존재할 수 없습니다. 교회의 궁극적인 목적은 교회 자체에 있지 않고, "자유의 영 안에 있는 아버지와 아들의 영광"에 있습니다. 몰트만의 교회론은 바로 이처럼 삼위일체 하나님과의 관계 안에서 이해되는 '관계적 교회론'입니다.

a. 하나님 나라의 기원으로서 메시아적 교회

교회의 중심과 기초는 언제나 예수 그리스도이십니다. 교회는 그리스도의 역사와 연결된 관계 속에서 존재합니다. 교회는 그리스도의 이름으로부터 나오며, 그분의 역사 안에서 살아가고, 그 역사의 완성을 소망합니다. 그리스도가 없이는 교회도 존재할 수 없습니다. 교회의 뿌리는 그리스도이며, 교회의 본질 또한 그리스도로부터 주어집니다. 따라서 교회는 자신의 존재와 주체를 분명히 인식해야 합니다. 그리스도는 교회의 기초이며, 능력이자 희망입니다.[75]

b. 하나님 나라의 목표로서 종말론적 교회

교회의 미래는 종말론적 하나님 나라입니다. 교회는 하나님의 나라를 기준으로 자신을 끊임없이 성찰하고 설명해야 합니다.[76] 종말론적 하나님 나라는 교회가 세상 속에서 보여주어야 할 비전이기도 합니다. 교회는 그리스도의 부활을 근거로 하나님 나라를 기다리는 공동체이며, 그 기다림 속에서 자신들의 삶을 새롭게 조직하고 결정해 나갑니다.[77] 교회는 다가올 하나님의 약속된 미래를 선포하며, 항상 열려 있는 공동체로 존재합니다.[78]

c. 하나님 나라의 통로로서 성령론적 교회

교회의 과거가 그리스도이고, 미래가 종말론적 하나님 나라라면, 교회의 현재는 성령입니다. 교회는 성령의 능력 안에서 하나님의 나라를 이 땅 가운데 드러냅니다. 교회의 본질과 그 사명은 성령의 현존과 능력 안에서 비로소 실현됩니다.[79]

성령은 교회를 새로운 창조와 자유, 그리고 평화의 능력으로 충만하게 하십니다. 교회는 성령의 역사 속에서 자기 정체성과 사명을 올바르게 이해하게 됩니다.

2) 삼위일체의 페리코레시스(*perichoresis*)와 교회

a. 역사 가운데 드러난 삼위일체 하나님

몰트만은 전통 신학자들이 잘 다루지 않았던 '고난 받는 하나님'을 강조합니다. 하나님은 우리와 함께, 우리로 인해, 그리고 우리를 위하여 고난을 당하십니다.[80] 그리스도의 고난 속에서 하나님 자신이 고통을 겪으십니다. 십자가에 달린 그리스도는 하나님께 버림받은 자이시며, 동시에 버림받은 자에게 하나님을 가져오십니다. 그 고난을 통해 하나님은 고난당하는 이들에게 구원을 주십니다.[81]

예수님의 십자가 사건은 하나님의 자기 낮추심이며, 삼위일체 하나님을 드러내는 사건입니다.[82] 십자가 위에서 아버지와 아들은 단절된 것처럼 보이지만, 동시에 그 고통 속에서 성령의 역사로 다시 하나가 됩니다.[83] 아버지의 내어주심과 아들의 자기 희생은 모두 성령 안에서 이루어지는 사건입니다. 성령은 분리 가운데서도 관계를 이어주며, 아버지와 아들을 하나로 묶는 사랑의 능력이 됩니다.[84]

b. 삼위일체의 페리코레시스(*perichoresis*)

삼위일체 하나님의 관계는 '페리코레시스'(*perichoresis*)라는 개념으로 설명됩니다. 이 말은 "서로 안에 거하는 존재"를 뜻하며, 성부, 성자, 성령 사이의 깊은 사랑과 친밀한 교제를 표현하는 신학적 용어입니다.[85] 몰트만은 이 개념을 통해 삼위 하나님의 사랑의 관계와 그 역동성을 강조합니다.

삼위일체의 각 위격은 다른 위격들과의 관계 속에서 존재하며, 서로를 위해 자신을 내어주는 사랑 안에서 실현됩니다.[86] 이들은 공통된 신적 본질을 지니면서도, 상대 안에서 생동하고 상대를 통해 자신을 드러냅니다.[87]

이러한 삼위일체 하나님의 교제는 영원하고 완전한 사랑의 형태입니다. 삼위일체 하나님은 서로를 향한 순환적 사랑 속에서 하나가 되지만, 결코 혼합되지 않으며 각자의 고유성을 유지합니다. 이 관계 안에는 위계도 없고 억압도 없습니다. 자유롭고 자발적인 참여, 정의로운 나눔과 일치가 이루어지는 공동체입니다.[88]

c. 하나님 나라의 질서를 보여주는 자발적 사랑의 공동체

삼위일체 하나님의 페리코레시스에는 지배도, 차별도, 위계도 존재하지 않습니다. 그 안에는 오직 동등한 인격들 사이의 상호적인 사랑과 자유로운 교제가 있을 뿐입니다. 교회는 이러한 삼위일체적 관계를 반영하는 공동체입니다.[89] 서로 다른 구성원들이 각자의 개성과 역할을 지니면서도, 하나의 몸으로 연결되어 함께 짐을 나누고 살아갑니다.[90]

삼위일체 하나님의 교제는 차이를 인정하면서도 분열이나 배제를 넘어서 공동체를 형성합니다.[91] 교회는 이러한 관계성을 본받아, 누구도 소외되지 않고, 모두가 서로를 존중하며 자발적으로 헌신하는 공동체가 되어야 합니다.[92] 지배하거나 복종하는 구조가 아닌, 자유롭고 평등한 사랑의 공동체입니다. 이렇게 교회는 하나님 나라의 질서를 미리 보여주는 자발적인 사랑의 공동체로 존재합니다.

3) 하나님의 삼위일체적 역사에 참여하는 교회

a. 하나님 나라의 보편성을 증언하는 교회

교회는 그리스도의 십자가와 부활을 통해 세상 가운데 드러났습니다. 그리고 약속된 보편적 하나님 나라를 향해 나아가는 공동체입니다. 교회는 내부적인 경건이나 성장에 머무는 것이 아니라, 하나님 나라의 보편성과 그 통치의 확장을 증언해야 합니다.[93]

교회의 진정한 보편성은 건물의 수나 조직의 확장에 있지 않습니다. 교회의 보편성은 온 세상을 향한 그리스도의 무한

한 통치에 참여하는 데 있습니다.[94] 교회는 그 하나님 나라를 기다리며 준비하는 공동체입니다. 그렇기에 교회는 세상에 대해서도 열려있어야 하며, 선교와 중재의 사명을 통해 세상과 소통합니다. 교회는 자기 자신을 위해 존재하지 않습니다. 교회는 하나님 나라를 위해, 그리고 그 나라가 이 땅 가운데 드러나게 하도록 존재합니다.[95]

b. 삼위일체 하나님의 선교에 동참하는 교회

몰트만은 교회를 '선교하는 주체'로 보기보다, '선교 안에서 이해되는 공동체'로 봅니다. 즉, 교회가 선교를 하는 것이 아니라, 선교가 교회를 형성한다는 것입니다. 교회는 삼위일체 하나님의 선교 안에서 존재하며, 그 선교에 참여하는 수많은 동역자 중 하나일 뿐입니다.

이는 하나님 나라와 삼위일체 하나님의 역사가 교회보다 훨씬 넓고 깊다는 사실을 보여줍니다. 교회는 이 보편적인 선교의 흐름 안에서 세상을 향해 나아가며, 약속된 하나님 나라의 미래를 바라보며 지금 여기를 살아갑니다. 그리고 이 선교는 눈에 보이는 활동에 그치지 않고, 고통과 긴장을 감내하는 기다림의 자세를 포함합니다. 교회는 그 긴장 속에서, 이미 오신 하나님 나라와 아직 오지 않은 그 나라 사이를 살아가는 공동체입니다.[96]

c. 만물을 해방하는 하나님의 역사에 참여하는 교회

교회는 정치, 경제, 사회, 문화 등 모든 영역에서 하나님 나라의 정의와 평화를 실현하는 공동체입니다. 교회는 영적인 공간을 넘어, 세상 속에서 불의와 억압을 드러내고 그것을 넘어서려는 실천적 공동체입니다.[97] 삼위일체 하나님은 그의 피조물이 창조의 목표에 이르도록 이끄십니다. 성령은 만물을 새롭게 하며, 교회는 이 성령의 역사에 동참합니다. 교회는 세상을 포괄하는 희망의 공동체로, 하나님 나라를 미리 선취하고 증언합니다. 결국 교회는 하나님의 삼위일체적 역사에 참여하는 공동체이며, 하나님 나라의 기원이신 그리스도와의 관계 속에서 자신의 정체성을 찾습니다.

2. 메시아적 교회

1) 예수의 메시아적 사명과 하나님 나라

a. 선포되는 하나님 나라

예수님은 하나님 나라가 임했음을 선포하셨습니다. 이 복음은 개인의 내면적 구원이 아니라, 하나님의 통치가 지금 이곳에 시작되었음을 알리는 기쁜 소식입니다. 이 소식은 사람들을 자유로 초대하며, 억압과 죄의 사슬에서 해방하는 능력입니다.

하나님 나라는 구약성경에서 이미 약속된 것으로, 해방과 회복의 메시지를 담고 있습니다. 그리고 예수님은 바로 이 하나님의 나라를 직접 선포하고, 그 도래를 몸소 보여주신 분입니다. 그의 선포 안에서 우리는 하나님 나라가 미래에만 머무르지 않고 현재에 실현되기 시작했음을 봅니다.[98]

b. 가난한 자들을 위한 하나님 나라

예수님이 선포하신 하나님 나라는 특히 가난하고 억눌린 이들을 위한 나라입니다. 여기에 나오는 '가난한 자들'은 물질적으로 어려운 이들만이 아니라, 병든 자, 실직자, 소외된 자, 사회적으로 차별받는 모든 사람을 포함합니다.[99]

몰트만은 우리가 하나님 나라 안으로 들어가는 것이 아니라, 오히려 그 나라가 우리에게 다가온다고 설명합니다. 하나님의 통치는 힘없는 자들 가운데 임하며, 그들에게 회복과 자유를 선물합니다.[100]

또한 몰트만은 부유한 자들이 진정한 구원을 경험하려면, 자신들이 억눌렀던 가난한 자들과의 관계를 회복해야 한다고 말합니다.[101] 이 역설적인 진리는 하나님 나라의 공동체성이 얼마나 근본적인지를 보여줍니다. 하나님 나라는 억눌린 자들의 해방을 통해 구체적으로 드러납니다.[102]

c. 임박한 하나님 나라 : 회개로의 부름

예수님은 하나님 나라의 임박함을 선포하며 회개를 촉구하셨습니다. 회개는 개인의 후회가 아니라, 삶 전체의 방향 전환을 의미합니다. 그것은 개인의 태도뿐만 아니라, 사회 구조와 제도의 전환까지도 포함합니다.[103]

하나님의 자비롭고 정의로운 통치는 우리를 회개의 삶으로 이끕니다. 이 회개는 곧 하나님 나라의 도래를 준비하는 삶이며, 그 나라의 가치와 질서를 미리 살아가는 방식입니다. 다시 말해, 회개는 하나님 나라를 기다리는 수동적 자세가 아니라, 그 나라의 삶을 적극적으로 실천하는 출발점입니다.[104]

2) 부활하신 그리스도의 십자가 사건과 하나님 나라

a. 십자가 아래 있는 교회

예수님의 십자가는 개인적 희생이 아니라, 온 피조물을 위한 제사장적 헌신이었습니다. 그러나 이 십자가는 그보다 더 깊은 의미를 가집니다. 그것은 세상과의 화해, 억눌린 자들과의 연대, 자유를 향한 사랑의 행동입니다.[105]

몰트만에게 교회는, 그것이 진정으로 십자가 아래에 서 있을 때, 배제된 자들과 함께하며 정의를 추구하는 공동체입니다.[106] 더하여 예수님이 로마 제국의 권력에 의해 처형되었다는 사실은, 교회가 정치적 현실에 대해 무관심할 수 없음을 보여줍니다. 오히려 교회는 권력의 억압에 맞서 해방을 선포해야 합니다.[107]

또한 십자가는 하나님께 버림받은 절망의 자리에서도 생명과 희망을 증언합니다. 예수님의 고난은 사랑의 완성과 헌신의 표징이며, 그분의 십자가는 해방과 생명을 주는 복음입니다. 교회는 바로 이 복음을 통해 존재합니다.[108]

b. 부활의 축제 가운데 있는 교회

예수님의 부활은 그리스도의 통치를 드러내는 결정적 사건입니다. 죽음을 이기신 분만이 죽음을 넘어선 희망을 줄 수 있으며, 부활은 하나님의 나라가 이미 시작되었음을 알리는 첫 열매입니다.[109]

기독교 예배는 본질적으로 부활의 축제입니다. 부활은 한 날의 기념만이 아니라, 삶을 새롭게 만드는 해방의 사건입니다. 교회는 이 부활의 기쁨 속에서 예수님을 하나님의 아들로 고백하며, 그분의 통치를 통해 해방과 생명의 능력을 경험합니다.[110] 십자가와 부활은 단절된 사건이 아니라, 서로를 비추고 해석해 주는 하나의 구원 이야기입니다. 이 이야기 안에서 교회는 끝없는 축제의 공동체가 됩니다.[111]

c. 희망과 해방의 증인 되는 교회

교회는 제도적 틀을 넘어, 희망과 해방을 살아내는 공동체입니다.[112] 부활하신 그리스도를 믿는 교회는, 이 세상 가운데서 자유와 정의를 선포하는 공동체로 존재해야 합니다.[113] 이 공동체 안에서는 어떤 특권이나 차별도 사라지고, 모두가 하나님의 존엄한 피조물로서 평등하게 살아갑니다.

교회는 부활을 기억하며, 그리스도의 통치에 응답하는 삶을 살아야 합니다. 이는 해방된 삶을 통해 세상을 자유롭게 하고, 절망 속에서 희망을 전하는 사명의 삶입니다.[114] 기독교의 희망은 막연한 낙관이 아니라, 절망을 뚫고 오시는 하나님의 미래입니다. 교회는 이 희망을 증언하며, 그리스도의 재림을 기다리는 공동체로 세상 속에서 살아갑니다.[115]

3) 그리스도와의 친교와 하나님 나라

a. 예수의 우정 안에 있는 교회

교회는 예수님의 신성을 강조하며 다양한 존칭을 사용해 왔습니다. 몰트만은 여기에 '친구'라는 표현을 더해야 한다고 말합니다. 예수님과의 관계를 위엄 있는 경외의 관계로만 보지 않고, 인격적인 우정의 관계로도 이해할 수 있다는 것입니다.[116]

예수님은 세리와 죄인들의 친구가 되셨고, 제자들에게도 "너희는 이제 종이 아니라 친구"(요 15:15)라고 말씀하셨습니다. 친구란 자유롭고 인격적인 관계로, 존경과 사랑에 기초한 우정의 관계입니다. 예수님과의 우정은 하나님 나라의 기쁨과 친밀함을 보여주는 중요한 표지입니다.[117] 이러한 우정은 교회 공동체 안을 넘어, 믿지 않는 사람들과 피조 세계 전체를 향해 열려 있는 우정입니다. 예수님은 자신의 생명을 내어주는 우정을 통해 사랑을 완성하셨고, 이 우정은 하나님 나라의 새로운 관계 질서를 열어갑니다.[118]

b. 그리스도의 현존을 경험하는 교회

교회는 그리스도의 살아 있는 현존을 통해 비로소 교회다워질 수 있습니다. 몰트만은 그리스도의 현존이 말씀과 성례전, 성도 간의 교제 안에 실재한다고 강조합니다. 특히 세상의 가장 연약한 이들과 함께하시는 그리스도 안에서 우리는 하나님의 임재를 경험합니다.[119]

그리스도는 사도직 안에, 성만찬과 세례 안에, 그리고 고난당하는 자들과 함께하는 자리 안에 계십니다. 교회는 이처럼 '그분이 임하시겠다고 하신 자리'에서 그리스도의 현존을 실제로 경험합니다. 이러한 현존은 하나님 나라를 미리 맛보는 자리입니다.[120]

c. 그리스도의 재림을 기대하는 교회

그리스도의 현존을 경험하는 곳에서, 우리는 동시에 그분의 재림을 소망하게 됩니다. '재림'(παρουσία, 파루시아)은 미래에 일어날 한 사건으로 축소될 수 없으며, 모든 시간과 공간을 관통하는 하나님의 결정적인 개입입니다.[121]

예수님의 재림은 구원의 완성일 뿐 아니라, 이 세상의 모든 고통과 악의 종식을 의미합니다. 교회는 말씀과 성례전 안에서 이 재림의 현실을 선취하며, 그날을 준비합니다. 세상의 고난 속에서도 교회는 하나님의 정의가 이루어질 새로운 창조를 바라봅니다. 그리스도의 재림은 하나님 나라의 완성이며, 교회는 이 희망을 붙들고 살아가는 공동체입니다.[122]

3. 성령 안에 있는 교회

예수님을 통해 시작된 하나님 나라와 장차 완성될 하나님 나라 사이에는 긴장이 존재합니다. 교회는 이 중간 시기를 성령의 역사 안에서 살아갑니다. 다시 말해, 교회는 예수로 시작된 하나님 나라와 미래의 하나님 나라 사이에서 성령의 능력으로 그 나라를 지금 이 자리에서 경험하고 드러냅니다. 교회는 성령 안에서 참된 능력을 얻습니다. 또한 성령 안에서만 진정한 교회로 존재할 수 있습니다.

1) 말씀과 성례전 안에서 이루어지는 하나님 나라

성령은 교회가 제자리를 찾고, 메시아적 공동체로 살아가도록 이끌어 주십니다. 이 과정은 구체적인 행위들, 즉 말씀 선포, 세례, 성만찬, 예배, 기도 등을 통해 드러납니다. 이러한 행위들은 개신교 전통에서 '구원의 수단'으로 불려 왔으며, 모두 성령의 역사와 깊이 연결되어 있습니다. 몰트만은 이 모든 것들을 삼위일체적 관점에서 이해해야 한다고 강조합니다. 성례전은 성령의 역사로 이루어지고, 그리스도를 영화롭게 하며, 하나님 나라에 대한 소망을 드러내는 행위입니다.[123]

a. 하나님 나라의 계시 : 선포

교회는 복음 선포를 통해 탄생하며, 살아 움직입니다. 하나님의 말씀은 단순한 정보가 아니라, 하나님 자신을 드러내는 자기 계시입니다. 이 말씀은 우리 역사 속에서, 또한 성령의 현존 속에서 살아서 역사합니다.[124] 복음은 예수님에 대한 좋은 소식에 머무르지 않고, 하나님 나라가 임했다는 종말론적 선언입니다. 복음이 선포될 때, 하나님의 미래가 현재 속으로 들어오며, 그 역사 속에 성령이 함께하십니다.[125]

b. 하나님 나라의 시작 : 세례

세례는 복음을 들은 이들이 하나님 나라를 향해 새 출발을 하는 행위입니다. 삼위일체 하나님의 이름으로 주어지는 세례는 교회를 그리스도의 역사 위에 세웁니다.[126] 몰트만은 세례를 인식의 행위가 아닌, 삶을 창조적으로 변화시키는 사건으로 이해합니다. 세례는 그리스도와의 관계 안에서 우리의 존재 자체를 새롭게 하며, 하나님 나라의 백성으로 살아가도록 부르십니다.[127]

c. 하나님 나라의 희망 : 성만찬

세례가 새로운 시작이라면, 성만찬은 하나님 나라를 향한 여정을 지속하는 희망의 표징입니다. 성만찬은 부활하신 그리스도의 현존을 기억하고, 앞으로 완성될 하나님 나라를 미리 맛보는 은혜의 자리입니다.[128]

몰트만은 성만찬을 과거의 회상만이 아닌, 하나님 나라의 미래를 지금 여기서 경험하는 축제로 이해합니다. 성만찬은 열린 식탁으로, 모든 이를 초대하는 하나님 나라의 보편성과 희망을 드러냅니다. 그리고 이 식탁은 성령의 역사 안에서, 새 창조의 현실을 미리 체험하게 합니다.[129]

2) 하나님 나라를 경험하며, 살아내는 공동체

하나님 나라는 미래에만 머무는 약속이 아닙니다. 교회는 성령 안에서 지금 이 자리에서 하나님 나라를 경험하며 살아갑니다. 교회는 말씀과 성례전을 통해 하나님 나라를 기념할 뿐 아니라, 예배와 삶, 공동체의 형태와 윤리를 통해 그 나라를 실현해 갑니다.

a. 하나님 나라의 축제 : 예배

예배는 교회 공동체가 하나님 나라를 미리 경험하는 '메시아적 축제'입니다. 말씀 선포와 세례, 성만찬을 통해 우리는 하나님의 해방과 자유를 기념하며, 하나님과의 친밀한 사귐에 참여하게 됩니다. 예배는 종교 행위가 아니라, 하나님 나라의 새 질서를 기뻐하고 소망하는 삶의 표현입니다. 교회는 예배를 통해 하나님이 지금 여기에서 살아계시고, 그 사랑이 온 세상으로 열려 있다는 사실을 고백합니다.[130]

b. 하나님 나라의 윤리 : 메시아적 삶의 방식

예배는 곧 삶으로 이어져야 합니다. 하나님 나라의 윤리는 예배 속 감격이 일상 속 실천으로 연결되는 것입니다. 곧 예수 그리스도를 따르는 삶이 바로 하나님 나라의 윤리입니다.[131] 이러한 삶은 '성령의 인도하심' 안에서 가능하며, 율법이 아닌 복음의 자유 안에서 이루어집니다. 우리는 그리스도 안에서 자유롭게 살아가며, 그 자유는 우리를 고난받는 이웃과 세상 속으로 보내는 힘이 됩니다.[132]

c. 하나님 나라의 공동체 : 열린 우정

교회는 예수님처럼 '열린 우정'으로 세상과 관계 맺는 공동체가 되어야 합니다. 그리스도께서 죄인들과 세리들의 친구가 되셨듯이, 교회도 누구든지 받아들이고 환대하는 공동체가 되어야 합니다.[133] 이런 공동체는 배제나 차별 없이, 서로를 용납하고 사랑하는 공동체입니다. 이 용납의 힘은 성령에게서 옵니다. 그리스도의 사랑을 믿고, 희망 가운데 서로를 받아들이며 살아갈 때, 교회는 참된 하나님 나라의 공동체가 됩니다.[134]

3) 하나님 나라를 위해 봉사하는 성령의 교회

교회는 하나님 나라를 기다리기만 하는 공동체가 아닙니다. 성령 안에서 교회는 이미 시작된 하나님 나라를 위해 헌신하고 봉사하는 공동체입니다. 교회는 세상 속에서 하나님의 평화와 자유, 새로운 질서를 드러내야 합니다.

a. 하나님 나라의 질서를 지향하는 교회

성령의 역사 속에 있는 교회는 하나님 나라의 질서를 따라 살아갑니다. 이 질서는 억압이 아닌 자유와 평화의 질서입니다. 하나님은 혼돈의 하나님이 아니라 평화의 하나님이시며, 그 평화는 모든 사물이 새롭게 질서 잡히는 종말론적 상태를 뜻합니다.

교회는 이 평화를 공동체 안에서 미리 경험하고 나눕니다. 또한 성령 안에서 자유로운 교제를 이루며, 차별과 억압 없이 모두가 평등하게 살아가는 공동체를 지향합니다. 하나님 나라의 질서는 바로 이러한 새로운 삶의 방식입니다.[135]

b. 하나님 나라를 위한 교회의 임무

성령은 교회에 생명을 불어넣고, 각자에게 고유한 사명을 주십니다. 어떤 이들은 예언자처럼 하나님의 약속을 선포하고, 또 어떤 이들은 제사장처럼 이웃을 섬깁니다. 이처럼 교회는 각자의 자리에서 하나님 나라를 위해 봉사합니다. 이 사명은 교회 안에서만 머무는 것이 아니라, 세상을 향해 나아가는 임무입니다. 교회는 그리스도의 몸으로서, 세상 한가운데서 복음을 전하고, 고통받는 이웃과 함께하며, 정의와 평화를 이루기 위해 일합니다.[136]

c. 하나님 나라를 위한 우주적 교회

몰트만에게 교회는 인간이 구성한 공동체를 넘어섭니다. 성령의 능력으로 세상의 모든 피조물과 연결된 '우주적 교회'입니다. 그리스도의 구원은 사람들만이 아니라, 모든 피조물을 향한 것입니다. 따라서 교회는 이 모든 창조 세계를 향한 사명이 있습니다.[137]

하나님의 영으로 인해 만물은 생명의 공동체로 묶여 있으며, 이 피조물 전체는 함께 하나님의 형상을 회복해 가야 합니다. 교회는 이를 위해 피조물을 섬기고, 창조 질서를 돌보며, 생명의 사귐을 실천해야 합니다.[138] 결국, 성령의 교회는 하나님의 새로운 창조에 동참하며, 이 땅에서 '새 하늘과 새 땅'을 소망하고 준비하는 공동체입니다.[139]

지금까지 우리는 복음이 담고 있는 크고 깊은 이야기를 함께 살펴보았습니다. 하나님 나라, '삼위일체 하나님의 사랑'의 역사, 그리고 그 안에 존재하는 교회의 정체성과 사명이 무엇인지 살펴보았습니다. 교회는 제도나 전통을 유지하는 공간으로 규정될 수 없습니다. 교회는 하나님 나라의 생명을 품고 살아가는 공동체입니다. 특별히 몰트만의 통찰을 따라가며, 교회가 어떻게 그리스도 안에서, 성령의 능력으로, 삼위일체 하나님의 사귐을 닮아갈 수 있을지를 그려보았습니다.

이제 그 신학적 기반 위에서 오늘날의 교회들과 마주하고 이들과 대화해 보려 합니다. 이머징 교회, 선교적 교회, 정치적 교회, 온라인 교회 등 각기 다른 모습으로 등장한 교회들에게 다음과 같이 질문해 보려 합니다. "지금 이 시대에 교회는 어떻게 하나님 나라를 증언할 수 있을까?" 이 대화 속에서, 교회의 미래를 향한 소중한 통찰을 함께 발견해 가고자 합니다.

1. 몰트만이 이해하는 하나님 나라의 특징은 무엇입니까? 전통적 이해와 비교하여 정리해 보십시오.

2. 교회를 하나님 나라를 선취하는 공동체로 이해할 때, 교회의 존재 이유는 어떻게 재정의됩니까?

3. 하나님 나라가 미래의 소망이면서 동시에 현재의 현실이라는 관점은 우리의 실천을 어떻게 요구합니까?

4. 로마서 8장 18-23절을 읽고, 피조 세계의 탄식과 소망 속에서 교회의 역할을 생각해 보십시오.

5. 몰트만이 말하는 희망은 상황이 좋아질 것이라는 막연한 기대와
   어떻게 구별됩니까? 그 희망은 고난의 자리에서 교회가 어떤 모습
   으로 서기를 요청합니까?

6. 교회의 공공성은 왜 중요합니까? 공공성을 잃을 때 교회는 어떤
   모습으로 축소됩니까?

7. 몰트만의 교회 이해가 오늘 한국교회에 주는 가장 중요한 도전은
   무엇이라고 생각하십니까?

제 2 부 대화

5장 몰트만의 교회론과 현대 교회와의 대화

•   •   •
Trinity   Kingdom of God   Church

지금까지 우리는 복음의 본질을 하나님 나라, 삼위일체 하나님, 그리고 교회의 의미 속에서 되새겨 보았습니다. 복음은 개인의 구원을 넘어, 세상의 회복과 공동체적 삶을 포괄하는 하나님 나라의 소식임을 확인했습니다. 삼위일체 하나님 안에서 우리는 관계와 사랑의 본을 보았고, 교회는 그 하나님 나라를 이 땅에서 미리 살아내는 공동체임을 살펴보았습니다. 특히 몰트만의 교회론은 고난받는 이들과 연대하며, 희망을 향해 나아가는 교회의 새로운 상을 제시해 주었습니다.

이제 우리는 이 같은 신학적 기초 위에 서서, 오늘날 다양한 교회 운동과의 대화를 시작하려 합니다. 이 대화는 이론적 논쟁이 아니라, 한국교회와 그리스도인들이 어떻게 하나님 나라를 더 깊이 살아갈 수 있을지를 함께 모색하는 여정이 될 것입니다.

오늘날 교회는 빠르게 변화하는 시대와 더불어 다양한 형태로 나타나고 있습니다. 이머징 교회, 선교적 교회, 구도자 교회, 셀 교회, 가정 교회, 유기체적 교회,[140] 그리고 고대/미래 교회(로버트 웨버의 Blended Worship) 등은 각기 다른 시대적 감수성과 문화적 요청에 응답하고자 한 시도들입니다. 포스트 모던 세대는 자신들의 삶의 방식에 맞는 예배와 공동체를 찾고 있으며, 목회자들과 지도자들 역시 이 변화의 흐름 속에서 교회의 정체성과 사명을 깊이 고민하고 있습니다.[141]

이러한 흐름 안에서 우리는 교회 운동의 다양성을 소개하는 것을 넘어서, 하나님 나라의 관점에서 이 새로운 교회 운동을 이해해 보고자 합니다.[142] 몰트만의 교회론과의 대화를 통해, 이들 운동이 제기하는 질문들에 신학적으로 응답하고, 한국교회가 나아가야 할 방향을 함께 모색하고자 합니다.

A. 이머징 교회와의 대화

1. 상황의 변화 : 포스트모더니즘

제2차 세계대전을 전후로, 많은 사상가들은 이전과는 전혀 다른 새로운 사회가 도래했다고 보았습니다. 포스트모더니즘은 이처럼 복잡하고 불확실한 시대 속에서, 모더니즘이 제시했던 해답이 더 이상 유효하지 않다고 느낀 이들이 찾은 사상적 전환입니다.[143] 이는 철학, 문학, 예술을 넘어 사회 전반에 깊숙이 스며든 보편적 현상입니다.[144]

포스트모더니즘은 흔히 탈획일, 탈형식, 탈권위, 탈진리와 같은 개념들로 설명되며, 다양성과 차이, 타자성을 중시합니다. 레너드 스윗(Leonard Sweet)은 이 흐름을 'EPIC' − 경험(Experience), 참여(Participatory), 이미지 중심(Image−driven), 관계 중심(Connected) − 이라는 네 가지 키워드로 요약합니다.[145] 이는 포스트모던 사회의 핵심 감수성을 잘 보여줍니다.

이러한 변화는 교회에도 깊은 영향을 미쳤습니다. 교회는 이제 고정된 진리나 구조보다, 사람들의 문화적 정서와 삶의 방식에 응답해야 할 필요를 느끼게 되었습니다. 예수 그리스도의 성육신은 바로 이와 같은 현실 속으로 들어오신 사건이었으며, 교회 또한 성육신적 존재로서 그 부르심에 응답해야 한다고 본 것입니다.[146]

마이클 프로스트(Michael Frost)는 성육신을 하나님과 인간 사이의 우정으로 이해하며, 교회 역시 그 우정의 방식으로 세상에 참여해야 한다고 말합니다. 따라서 교회는 변화하는 시대의 문화에 민감하게 반응하며, 새로운 제도와 소통 방식을 고민해야 하는 곳입니다.[147]

브라이언 맥클라렌(Brian D. McLaren)은 오늘날 교회가 근본적인 사고의 전환이 필요하다고 말합니다. 그는 전통적인 교회가 사람을 '믿는 이'와 '믿지 않는 이'로 나누는 '경계 중심 사고'(boundary thinking)에 머물러 왔다고 지적합니다. 또, 예수라는 '중심'을 기준으로 그 안에 있는지 밖에 있는지를 판단하는 '중심 사고'(centered thinking) 역시 배제와 구분을 전제한다고 비판합니다.

그는 이제 방향에 주목해야 한다고 말합니다. 사람이 어디에 있느냐보다 어디를 향해 가고 있느냐, 곧 하나님을 향해 움직이고 있는지가 더 중요하다는 것입니다. 그는 이를 '과정 사고'(process thinking)라고 부릅니다. 더 나아가, 신앙을 고정된 중심을 향해 함께 걸어가는 여정으로 이해하며, 이를 '여행 사고'(journey thinking)라고 제안합니다.[148] 이러한 사고의 전환은 포스트모던 시대 속에서도 타인을 함부로 배제하지 않고, 그들과 동행하며 함께 대화할 수 있는 교회의 가능성을 열어줍니다.

물론 포스트모더니즘을 경계하는 목소리도 있습니다. 진리에 대한 상대화나 합리성의 약화가 기독교 신앙의 위기를 초래한다는 우려 때문입니다.[149] 하지만 댄 킴볼(Dan Kimball),[150] 지미 롱(Jimmy Long),[151] 제임스 K. A. 스미스(James K. A. Smith)[152]와 같은 이들은 오히려 그 안에서 새로운 가능성과 기회를 발견하며, 복음의 진리와 공동체의 필요가 포스트모던 사회와 깊이 연결될 수 있다고 주장합니다. 이처럼 시대의 변화 속에서 등장한 대표적인 교회 운동이 바로 이머징 교회입니다.

2. 이머징 교회의 특징

이머징 교회는 어떤 체계적인 교회론에서 출발하지 않았습니다. 다양한 상황 속에서 자연스럽게 생겨난 새로운 교회의 형태였습니다. 처음에는 느슨하고 실험적인 시도였지만, 시간이 지나며 그 안에서 신학적 반성과 논의가 이어졌습니다.

이 흐름은 단일한 모델이라기보다, 교회의 방향성과 사고방식에 가깝습니다. 교회의 형태나 예배 방식, 구조에 있어 매우 다양하게 나타나기 때문에, 하나의 정의로 규정하기는 어렵습니다.[153]

이머징 교회는 포스트모던 시대의 문화 속에서 예수의 삶을 따라가려는 선교적 공동체입니다. 이들은 그들이 사는 공간과 시간 속에서 예배하고, 공동체를 이루며, 세상 속에서 복음을 살아냅니다. 포스트모던 상황 속에서 예배와 선교, 공동체의 의미를 새롭게 탐구하는 시도라 할 수 있습니다.[154]

이머징 교회는 매우 다양한 특징을 가지고 있으며, 학자마다 이를 조금씩 다르게 정의합니다. 그중 에디 깁스(Eddie Gibbs)와 라이언 볼저(Ryan K. Bolger)는 이머징 교회의 특징을 아홉 가지로 정리했습니다.[155] 그 가운데 핵심이 되는 세 가지는 다음과 같습니다.

예수를 따르는 삶을 강조합니다.

세속 공간의 변화를 추구합니다.

공동체로서 함께 살아가는 삶을 중시합니다.

이 세 가지 가치에서 흘러나오는 실천은 다음과 같습니다.

낯선 이들을 환대합니다.

아낌없이 섬깁니다.

신앙을 소비하지 않고 함께 만들어가고,

창조된 존재로서 창조적인 삶을 살아갑니다.

모범으로 이끄는 리더십을 세우고,

고대와 현대의 영성을 통합하려는 노력을 포함합니다.

김도훈은 이머징 교회의 핵심을 세 가지로 정리합니다. 창조적인 예배, 하나님 나라 신학, 그리고 문화적 자연신학입니다. 그는 이 흐름이 문화 속에서 하나님의 흔적을 찾고자 하며, 그 기초가 성육신에 있다고 말합니다.[156]

한편, 스캇 맥나이트는 이머징 교회 운동을 다섯 가지 주요 흐름으로 분류합니다. 첫째, 예언적 흐름(prophetic) 혹은 도발적(provocative) 흐름은 기존 교회에 대한 비판과 함께 사회 정의, 평화, 생태와 같은 공적 이슈를 강조합니다. 둘째, 포스트모던(postmodern) 흐름은 절대적 진리와 이분법적 사고에서 벗어나 다양성과 대화를 중시합니다. 셋째, 실천 지향(praxis-oriented) 흐름은 교리를 넘어, 예수의 삶을 본받아 일상에서 복음을 살아내는 것을 중요하게 여깁니다. 넷째, 후기 복음주의(post-evangelical) 흐름은 복음주의 전통에 뿌리를 두되, 그것의 한계를 인식하고 새로운 표현을 시도하는 이들의 흐름입니다. 마지막으로, 정치적(political) 흐름은 신앙을 개인의 내면에 머물지 않고, 사회적 책임과 참여로 확장해야 한다고 주장합니다. 이 다섯 흐름은 이머징 교회가 단순한 양식의 변화가 아니라, 깊은 신학적·사회적 고민 속에서 탄생한 운동임을 보여줍니다.

이들이 강조하는 복음은 내세 중심이나 개인주의에 갇혀 있지 않습니다. 오히려 예수님의 전 생애와 사역, 하나님 나라의 통치를 그 중심에 둡니다. 하나님 나라는 이미 시작되었고, 장차 완성될 그 나라를 이 땅에서 살아내는 것이 이들의 신앙입니다.[157]

이머징 교회는 교회의 외형보다는, 하나님 나라의 삶을 얼마나 진실하게 실천하느냐에 관심을 둡니다. 교회란 무엇인

가를 묻기보다, 우리가 하나님 나라를 살아내고 있는지를 묻습니다.[158]

그들은 하나님 나라 신학에 뿌리를 두고, 선교를 다시 정의합니다. 교회가 세상으로 들어가 "그곳에 있으라"는 부르심을 따르며, 선교는 '보내심'이라는 본래 의미로 회복되어야 한다고 말합니다.[159]

이러한 신학적 강조는 자연스럽게 교회론으로 이어집니다. 이머징 교회는 선교적 교회론, 성육신적 교회론, 상황적 교회론, 그리고 관계적·공동체의 교회론으로 요약될 수 있습니다. 복음이 특정 상황 속에서 구체화되어야 한다는 점에서, 이들은 상황을 중요하게 여기지만, 복음의 본질은 절대로 놓치지 않으려 합니다.[160] 무엇보다 이들은 교회가 하나의 공동체로서, 서로를 돌보고 세상을 섬기며, 하나님의 선교에 참여하는 삶을 살아가야 한다고 믿습니다.

물론 이머징 교회에 대한 비판도 존재합니다. 대표적인 인물인 D. A. 카슨(D. A. Carson)은 이들이 포스트모더니즘을 지나치게 수용했고, 진리에 대한 분별이 약하다고 지적합니다.[161] 그럼에도 불구하고, 이머징 교회는 기존 교회의 사고방식에 깊은 질문을 던지며, 하나님 나라를 살아내기 위한 새로운 시도를 계속해 나가고 있습니다.

3. 몰트만의 교회론과 이머징 교회

이머징 교회의 리더들은 신학교에서의 이론적 신학과 실제 목회 현장 사이의 간극을 인식하며, 그 둘 사이의 깊은 대화를 추구했습니다. 이러한 노력의 일환으로 'Emergent Village Theological Conversation'(EVTC)이 시작되었고, 낸시 머피(Nancey Murphy), 스탠리 하우어워스(Stanley Hauerwas), 미로슬라브 볼프(Miroslav Volf), 월터 브루그만(Walter Brueggemann) 등 다양한 신학자들이 참여했습니다.[162] 2009년에는 위르겐 몰트만(Jürgen Moltmann)이 초청되어 이 대화에 함께했고, 그의 강의는 지금도 온라인에서 들을 수 있습니다.[163]

비록 몰트만은 자신의 저서에서 이머징 교회를 직접적으로 언급하지는 않았지만, 그의 신학은 이머징 교회의 신학적 방향과 깊은 공명을 이룹니다. 밥 드웨이(Bob DeWaay)는 몰트만의 신학이 이머징 교회의 사상적 기반을 형성했다고 평가합니다.[164] 남아공신학교의 실천신학교수인 노엘 우드브릿지(Noel B. Woodbridge) 역시 『희망의 신학』이 이머징 교회의 종말론과 신학에 큰 영향을 끼쳤다고 분석[165]하며, 이를 바탕으로 출간된 *An Emergent Manifesto of Hope*[166]를 그 사례로 제시합니다.

몰트만과 이머징 교회를 잇는 핵심 주제는 '하나님 나라'입니다. 몰트만은 하나님 나라를 삼위일체적 교회론의 토대로 삼으며, 교회는 그 나라를 선취하고 증언하는 공동체라고 봅니다. 이머징 교회 역시 하나님 나라를 중심 신학으로 삼고 있으며, 그 이해는 라이트(N. T. Wright), 요더(John H. Yoder), 뉴비긴(Lesslie Newbigin)과 같은 신학자들의 영향 아래 있습니다. 이들은 각각 하나님의 주권적 통치, 사회적 회개, 그리고 이미와 아직 사이에 선 교회의 사명을 강조합니다. 이러한 신학은 몰트만의 하나님 나라 이해와 많은 지점을 공유합니다.[167]

라이트는 하나님 나라를 예수 그리스도의 주권적 통치로 보며, 그것이 역사 속에서 점진적으로 드러난다고 말합니다.[168] 요더는 하나님 나라가 개인 구원을 넘어, 사회적 변혁과 실천으로 이어져야 한다고 강조합니다.[169] 뉴비긴은 하나님 나라의 '이미'와 '아직' 사이에서 교회의 사명을 해석하며, 교회를 성령 안에서 사도적 사명을 감당하는 공동체로 이해합니다.[170] 이러한 세 신학자의 관점은 몰트만이 말하는 '하나님 나라를 선취하는 교회'와 깊은 맥을 같이합니다.

몰트만의 교회론과 이머징 교회의 교회론이 공유하는 또 하나의 중요한 신학적 관심은 '하나님의 선교'입니다. 몰트만은 이 개념을 직접적으로 강조하며, 교회는 하나님의 선교라는 거대한 틀 안에서 존재하는 공동체라고 주장합니다.[171]

몰트만은 교회를 하나님의 선교 안에 존재하는 공동체로 보며, 성령 안에서 이 세상을 향해 나아가야 한다고 주장합니다. 이머징 교회도 마찬가지로, 교회가 하나님의 사역에 응답하는 존재임을 강조합니다. "하나님의 선교는 교회보다 앞선다"는 이들의 선언은, 교회를 변화의 주체가 아닌 참여자이자 동반자로 바라보는 관점을 드러냅니다.[172] 몰트만이 제시한 하나님의 선교 개념은 이어서 논의될 '선교적 교회'와의 대화를 통해 더욱 구체적으로 살펴볼 수 있습니다.

결국, 몰트만과 이머징 교회는 모두 '하나님 나라'와 '하나님의 선교'라는 신학적 토대 위에서 교회를 이해합니다. 그 신학은 교회론에만 머물지 않고 제자도의 삶, 이웃 사랑, 공공성과 통전적 영성으로 자연스럽게 이어집니다. 고정된 형태가 아니라 살아 움직이는 공동체로서, 이들은 교회가 세상 속에서 어떻게 하나님 나라를 선취할 수 있을지를 함께 고민합니다.

이머징 교회는 포스트모던 문화 속에서 새롭게 등장한 선교적 공동체로, 기존의 교회 형태나 조직보다 하나님 나라를 따르는 삶의 방식에 주목했습니다. 그들은 경계보다는 방향을, 고정된 형태보다는 여정을 중요하게 여겼고, 성육신적인 교회, 상황과 관계에 반응하는 교회를 실험하며 하나님의 선교에 참여하려 했습니다. 몰트만의 교회론은 이들의 중심 신학과 많은 부분에서 공감대를 이루며, '하나님 나라'와 '하나님의 선교'라는 두 축 위에서 풍성한 대화를 가능하게 했습니다.

이제 우리는 또 하나의 중요한 교회 운동인 '선교적 교회'와의 대화로 나아가려 합니다. 선교적 교회는 이머징 교회와 마찬가지로 교회의 본질을 하나님 나라와 선교 안에서 새롭게 이해하려는 시도입니다. 하지만 선교적 교회는 좀 더 조직적이고 실천적인 차원에서 교회의 존재 이유를 다시 묻습니다. 몰트만의 신학은 이 대화 속에서도 유의미한 방향을 제시해 줄 것입니다.

B. 선교적 교회와의 대화

오늘날 기독교 선교는 새로운 도전에 직면해 있습니다. 특히 포스트모던 시대의 정신은 의미의 다양성과 해석의 다원성을 강조하면서, 성경 해석에 있어서도 이전과는 다른 접근을 요구합니다. 그럼에도 성경은 여전히 하나의 중심 이야기를 전하고 있습니다. 그것은 모든 사람을 위한, 보편적이며 일관된 하나님의 이야기입니다. 이 성경 이야기는 다양한 문화를 포용하며, 각각의 작은 이야기들에도 의미 있는 자리를 내어주는 거대한 '하나님의 메타 내러티브'입니다.

이런 맥락에서 선교적 해석학은 성경 자체를 '선교의 결과'로 이해합니다. 성경은 문서의 모음이 아니라, 하나님의 구속 사역 가운데 형성된 살아 있는 증언입니다. 수많은 본문이 고통과 갈등, 그리고 하나님을 향한 몸부림 속에서 탄생했습니다. 때로는 내부의 긴장에서, 또 때로는 외부의 충돌 속에서 하나님의 백성은 말씀을 이해하고 삶에 적용하며, 그 말씀을 세상 속에서 실천해 왔습니다.[173]

결국 선교란, 하나님께서 주신 변하지 않는 진리(text)를 다양한 정황(context) 속에서 어떻게 살아내고 전할 것인가에 대한 꾸준한 고민과 실천입니다. 선교는 진리를 지키는 일을 넘어서, 변하는 세상 안에서 교회가 자신을 새롭게 발견하고, 창의적이며 담대하게 응답하는 여정입니다. 그렇게 선교는 늘 변화 가운데에서도 변하지 않는 하나님의 진리와 함께 이어지는 '상수의 역사'라고 할 수 있습니다.[174]

1. 하나님의 선교(*Missio Dei*)

지난 반세기 동안 선교 신학은 중요한 전환점을 맞이했습니다. 그 핵심에는 '하나님의 선교'(*Missio Dei*)라는 관점이 있습니다. 이전까지 선교는 주로 교회의 활동으로 이해되었습니다. 교회가 복음을 전하고, 문화를 전파하고, 사람들을 교회로 이끄는 일이 선교였습니다. 그러나 칼 바르트는 이 전통적인 관점을 흔들며, 선교의 주체가 교회가 아니라 하나님 자신이라고 선언합니다.[175] 그는 "교회가 선교를 하는 것이 아니라,

하나님께서 선교하시며, 교회는 그 부르심에 참여하는 존재"라고 말합니다. 교회는 하나님의 선교에 참여하기 위해 '보냄받은 공동체'입니다.[176]

이러한 전환은 1952년 독일 빌링겐(Willingen)에서 개최된 세계선교회의(IMC)에서 뚜렷하게 드러났습니다. 이 회의에서는 처음으로 '하나님의 선교'라는 개념이 공식적으로 강조되었고, 이후 선교는 삼위일체 하나님의 구속 사역 안에서 이해되기 시작했습니다. 하나님은 사랑으로 세상을 창조하시고, 죄로 깨어진 이 세계를 회복하기 위해 성자를 보내셨습니다. 성자는 십자가와 부활을 통해 구원의 길을 여셨고, 성령은 지금도 세상 가운데 역사하시며 그 구원을 완성으로 이끌어가고 계십니다. 선교는 바로 이러한 하나님의 행동, 즉 그분의 존재 방식입니다.[177]

하나님의 선교에 대한 오늘날의 이해는 오랜 시간 동안 점진적으로 형성되어 왔습니다. 그 중심에는 한 가지 변하지 않는 확신이 있습니다. 하나님은 선교하시는 하나님, 곧 세상을 구속하시고 회복시키시기 위해 스스로 움직이시는 분이라는 사실입니다. 이 선교는 교회로부터 시작된 것이 아니라, 창세 전부터 존재하신 삼위일체 하나님의 사랑과 의지에서 비롯된 것입니다.

하나님은 창조의 순간부터 세상을 향한 계획을 품고 계셨습니다. 인간이 죄로 인해 하나님의 뜻을 벗어났지만, 하나님은 인류를 포기하지 않으셨습니다. 오히려 더 깊은 구속의 여정을 시작하셨습니다. 아브라함을 부르시며 "너를 통해 모든 민족이 복을 받을 것"이라 약속하셨고(창 12:1-3), 이 약속은 하나님의 선교적 의도가 한 민족을 위한 것이 아닌, 열방을 향한 것임을 분명히 보여줍니다.[178]

하나님은 이스라엘 백성을 택하셔서 자신을 드러내시는 도구로 삼으셨습니다. 그들은 혈통으로 묶인 민족을 넘어, 열방 가운데 하나님의 통치를 보여주는 선교적 공동체였습니다.[179] 하나님의 백성은 창조 세계를 돌보며, 이웃을 향해 복이 되는 존재로 살아가야 합니다. 하나님의 공의와 자비를 따라 살아가는 삶 자체가 선교입니다.[180]

이스라엘이 실패할 때조차도, 하나님은 선지자들을 보내어 그들을 깨우시고 회복시키셨으며, 마침내 예수 그리스도를 통해 이 땅에 오셨습니다. 예수님의 탄생과 공생애, 십자가 죽음과 부활은 하나님의 선교가 결정적인 전환점을 맞는 순간입니다. 예수님은 "하나님 나라가 가까이 왔다"(막 1:15)고 선포하시며, 회개와 회복의 삶을 촉구하셨습니다. 이 하나님 나라는 단지 미래의 천국이 아니라, 지금 이 땅 위에서 시작되고 실현되는 하나님의 통치와 사랑의 현실입니다.

예수 그리스도께서 부활하시고, 성령이 강림하신 이후, 하나님의 선교는 교회를 통해 계속됩니다. 교회는 이제 더 이상 모이는 데에서 그치지 않고, 세상 속으로 보냄 받은 공동체입니다. 하나님은 선교를 위해 교회를 세우셨습니다. 그러므로 선교는 교회의 여러 기능 중 하나가 아니라, 교회의 존재 이유이자 본질 그 자체입니다.

하나님의 선교는 삼위일체 하나님의 사역입니다. 성부께서 성자를 보내시고, 성자와 성부께서 성령을 보내셨습니다. 그리고 이제 삼위일체 하나님께서는 교회를 세상으로 파송하십니다. 이처럼 선교는 하나님의 존재 안에서 흘러나온 사랑의 흐름이며, 구원의 파동입니다.[181]

십자가는 선교의 중심입니다. 하나님은 승리주의적으로 세상을 정복하신 것이 아니라, 낮아지시고 고난받으시며, 철저히 사랑으로 세상과 맞서셨습니다. 그리스도는 자신의 생명을 내어주는 방식으로 하나님 나라의 문을 여셨습니다.[182] 이 십자가 중심의 선교는 교회로 하여금 자만심 대신 겸손을, 우월감 대신 섬김을 선택하게 만듭니다.[183]

이처럼 선교는 교회의 전략이나 프로그램이 아닙니다. 선교는 하나님께 속한 일이며, 교회는 이 사역에 부르심을 받은 협력자일 뿐입니다. 하나님은 구속의 사명을 스스로 이루어 가시고, 그 일에 교회를 동참하게 하십니다. "선교가 있기 때문에 교회가 존재한다"는 말은 바로 이 깊은 신학적 통찰을

담고 있습니다.[184]

결국, 교회는 선교 없이 존재할 수 없습니다.[185] 교회가 교회다워지기 위해서는 선교적 정체성을 회복해야 합니다.[186] 하나님의 사랑이 교회를 통해 세상으로 흘러갈 때, 교회는 비로소 참된 생명력과 풍성함을 누리는 공동체가 됩니다.

2. 선교적 교회의 특징

하나님의 선교는 교회를 통해 어떻게 이루어질 수 있을까요? 반대로, 교회를 통해 선교는 어떤 방식으로 일어날 수 있을까요? '하나님의 선교'라는 큰 틀 안에서 교회는 그 사명에 어떻게 응답하고, 자신의 존재를 어떻게 이해해야 할지 끊임없이 질문하게 됩니다.

선교는 프로그램이나 활동이 아닙니다. 그것은 생명을 나누는 행위입니다. 그렇기에 교회 안에 생명과 진정성이 없다면, 그 생명을 세상에 나누는 일은 불가능합니다. 교회의 생명력과 진실함 자체가 곧 선교의 본질입니다.

복음은 추상적인 진리나 교리 체계가 아닙니다. 복음은 예수 그리스도를 통해 드러난 하나님의 인격적인 사랑이며, 그 관계로의 초대입니다. 그러므로 복음은 언제나 인격적인 만남과 관계 안에서 전해질 때 가장 깊이 이해될 수 있습니다.[187]

오늘날 우리가 마주하는 교회의 여러 문제는 단편적인 해

법만으로는 풀 수 없습니다. 더 근본적인 전환과 용기 있는 변화가 요구됩니다. 그 중심에는 '크리스텐덤'(Christendom) 체제를 극복하려는 신학적 통찰이 자리 잡고 있습니다.

크리스텐덤은 오랫동안 유럽 사회에서 기독교가 권력의 중심에 자리했던 시대를 뜻합니다. 초대 교회는 소외되고 핍박받는 공동체였지만, 콘스탄틴 이후 기독교는 제국의 중심으로 올라섰습니다. 이에 따라 교회는 국가 권력과 밀착되며, 점차 복음의 본질을 잃고 제도화된 종교로 변해갔습니다. 본래 교회는 역동적이고 예언자적인 공동체였습니다. 하지만 크리스텐덤 아래서 교회는 사제 중심의 위계질서를 따르고, 성례 중심의 종교로 고착되었습니다. 오늘날 우리는 복음을 삶 전체를 포괄하는 하나님의 초청으로 다시금 이해하고, 교회를 이 부르심에 응답하는 선교적 공동체로 회복해야 합니다.[188]

몰트만은 기독교가 국가 종교로 제도화된 이후, 교회가 자발적이고 독립적인 공동체로서의 성격을 잃었다고 강하게 비판합니다. 그는 교회가 정치 질서의 일부가 되어버렸고, 복음의 해방적 본질을 흐려놓았다고 지적합니다. 교회는 더 이상 권력의 도구가 되어서는 안 되며, 세상을 향해 열려있고 자유로운 공동체여야 한다는 것입니다.[189]

대럴 구더(Darrell L. Guder) 역시 진정으로 복음적인 교회가 되기 위해서는, 선교적 교회로 거듭나야 한다고 강조합니다.

그는 교회가 복음을 전하는 곳을 넘어, 그 자체로 복음을 살아내는 공동체여야 한다고 말합니다. 이러한 교회론은 삼위일체 하나님의 본성에 뿌리를 두고 있으며, 교회는 성령의 도우심 가운데 그리스도를 증언하고, 하나님의 선교에 참여하는 종말론적 공동체로 존재해야 한다고 설명합니다. 교회는 여전히 하나님의 진리에 대해 부분적으로 응답하고 있는 존재입니다. 그렇기에 더욱 겸손히 하나님의 주권을 인정하며, 전 존재로 하나님께 영광을 돌리는 공동체로 나아가야 합니다. 이것이 선교적 교회의 본질이자 부르심입니다.[190]

선교적 교회의 특징은 무엇일까요? 선교적 교회는 무엇보다 복음을 선포하는 공동체입니다. 그러나 이 복음 선포는 말로만 전해지는 것이 아니라, 삶의 방식과 공동체의 존재를 통해 드러납니다. 선교적 교회는 공동체 중심적이며, 그 삶의 기준은 성경입니다. 이들은 세상과 구별된 존재로서 자신의 소명을 분별하며, 하나님의 부르심에 응답하려는 지속적인 노력을 기울입니다.

이러한 공동체는 서로를 대하는 방식에서도 그 정체성이 드러납니다. 용서와 화해, 사랑과 책임, 그리고 누구든지 환대하는 태도는 선교적 교회의 중요한 실천입니다. 그 가운데 예배는 가장 본질적인 선교적 행위입니다. 예배는 모임이나 의례가 아니라, 하나님 나라의 실재를 이 땅에 드러내는 깊은 선언이기 때문입니다.

하지만 선교적 교회는 하나님의 통치가 아직 완전히 실현되지 않았다는 사실을 분명히 인식합니다. 우리는 이미 임한 하나님 나라를 살아가지만, 아직 완성되지 않은 그 나라를 바라보며 기다리는 공동체입니다. 이 긴장 속에서 선교적 교회는 세 가지 중요한 방향성을 지향합니다.

첫째, 성육신적 교회론입니다. 교회는 복음을 말로만 전하는 곳이 아니라, 삶의 현장에 깊이 뿌리내리고 그 속에서 하나님의 사랑을 몸으로 살아내는 공동체여야 합니다. 둘째, 메시아적 영성입니다. 교회는 종교적인 활동에 머무르지 않고, 세상 속에서 하나님의 뜻을 분별하고 실천하는 영성을 지녀야 합니다. 셋째, 사도적 지도력입니다. 위계적이고 고립된 리더십이 아니라, 섬기고 나누는 방식의 사도적 리더십을 통해 교회는 더욱 살아 움직이는 공동체가 됩니다. 이러한 특성들은 선교적 교회가 더 이상 사람들을 끌어모으는 전략에 의존하지 않고, 이원론적 사고나 권위적 구조로부터 벗어나, 관계 중심적이고 참여적인 방식으로 존재하도록 이끕니다.[191]

선교적 교회는 스스로 영광의 자리를 차지하려 하지 않습니다. 그저 하나님의 부르심에 순종하며, 겸손하게 그 길을 따를 뿐입니다. 교회는 자기 중심성을 내려놓고, 세상 한가운데서 빛과 소금으로 살아가려는 공동체입니다. 이들은 지역 사회와 유기적으로 연결되어 있으며, 종교 활동을 넘어 삶 전체를 통해 복음을 드러냅니다. 통전적인 삶의 방식과 영성을 실천하며, 세상 속에서 하나님의 사랑과 정의를 살아냅니다. 이를 위해 서구 기독교 안에 깊이 자리 잡았던 이원론적 세계관—성과 속, 거룩함과 일상의 분리—을 넘어섭니다. 선교적 교회는 모든 사람을 하나님의 은혜 안에 있는 동료로 바라봅니다. 이러한 동료 의식 안에서 진정한 연합과 살아 있는 공동체의 생명이 자라납니다.[192]

선교적 교회는 크리스텐덤의 전제를 근본적으로 거부합니다. 주어진 현실을 외면하지 않고 진지하게 받아들이되, 동시에 변하지 않는 진리, 곧 성경 이야기가 지닌 깊이와 풍성함을 포기하지 않습니다. 이 성경 이야기는 지금 이 시대, 변화무쌍한 세계 속에서도 여전히 생명력과 적실성을 지니고 있습니다. 그러므로 진리와 상황(context), 말씀과 현실을 함께 인식하는 것이 중요합니다. 그 인식 속에서 비로소 선교적 사고와 실천이 시작될 수 있습니다.

요약하자면, 선교적 교회는 성육신적인 교회입니다. 삶의 현장 깊숙이 들어가 그 안에서 하나님 나라의 실재를 드러내는 공동체입니다. 이 교회는 말만이 아니라, 일상 속에서 사람들과 함께하며, 복음을 구체적으로 살아냅니다.

또한 선교적 교회는 메시아적 영성을 품은 공동체입니다.

이 영성은 세상과 문화 속으로 들어가 그 안에서 하나님의 뜻을 분별하고 실천하는 능동적인 신앙입니다. 아울러 선교적 교회는 위계 중심의 전통적인 지도력에서 벗어나, 사도적이고 참여적인 리더십을 실천합니다. 모든 구성원이 소명을 따라 협력하며, 하나님 나라를 함께 이루어가는 교회입니다.[193]

무엇보다 선교적 교회는 하나님 나라를 목표로 삼습니다. 하나님은 지금도 이 땅에 하나님 나라가 임하도록 일하고 계십니다. 교회는 그분을 앞서지 않고, 항상 그분의 뒤를 따라가며, 하나님의 선교에 참여합니다. 이처럼 선교적 교회는 하나님의 일하심에 민감하게 반응하며, 가장 적절한 방식으로 복음을 전하고 실천합니다.[194]

하나님 나라와 하나님의 선교는 서로 깊이 연결되어 있습니다. 하나님의 다스리심과 삼위일체 하나님과의 친밀한 교제는 모든 피조물과 만물을 향한 사랑의 초대입니다. 하나님 나라를 지향하는 교회는 이 초대에 응답하며, 하나님의 통치를 선포하고, 약한 자와 소외된 이웃에게 다가가는 삶을 살아갑니다. 그렇게 교회는 하나님 나라를 선포하고, 그 삶과 실천을 통해 하나님 나라를 이 땅 가운데 드러냅니다.

3. 몰트만의 교회론과 선교적 교회

몰트만은 자신의 신학을 "하나님 나라를 위한 신학"이라고 부릅니다. 그는 이 신학이 반드시 선교 신학이 되어야 한다고 강조합니다. 왜냐하면 하나님 나라를 중심에 둔 신학은 교회를 사회와 연결하고, 하나님의 백성을 이 땅의 모든 백성과 이어 주는 방향으로 나아가기 때문입니다. 교회는 그저 자신을 위한 공동체가 아니라, 하나님 나라를 증언하고 확장해 가는 선교적 공동체라는 것입니다.[195]

몰트만은 예수님의 선교 안에서 하나님 나라의 모습을 볼 수 있다고 말합니다. 그렇기에 교회는 세상과 단절된 폐쇄적 공동체가 아니라, 세계를 향해 열린 공동체가 되어야 합니다. 그는 선교를 교회의 기능으로 보는 것이 아니라, 선교의 관점에서 교회를 이해해야 한다고 주장합니다. 다시 말해, 교회는 하나님의 선교라는 큰 흐름 안에서 자신을 정의하고 존재 이유를 찾아야 한다는 것입니다.[196]

교회는 하나님 나라를 기다리는 공동체입니다. 이 기다림은 단순한 소망이 아니라, 그리스도의 부활에 뿌리를 둔 살아 있는 희망입니다. 교회는 이 희망 속에서 자신의 존재를 성찰하고, 그 본질을 점점 더 깊이 깨달아 갑니다. 교회가 세상 속에서 겪는 고난과 실천 또한, 하나님 나라를 향한 열린 희망의 공간 안에서 이해되고 선택되어야 합니다.[197]

몰트만이 말하는 '하나님의 선교'란, "세상이 멸망하지 않고 영생을 얻도록 아버지와 아들을 통해 성령을 이 세계 안으로 보내시는 일"입니다. 이 선교는 하나님께서 세상을 향해 나아가시는 사랑의 운동이며, 교회는 그 선교에 동참하는 존재입니다. 그래서 교회의 본질은 자기를 위한 기관이 아니라, 세상을 섬기고 이웃을 위한 봉사를 실천하는 공동체입니다. 교회가 진정 하나님의 공동체가 되려면, 바로 이 세계를 위한 섬김에 헌신해야 합니다.[198]

세상을 위한 교회는 곧 하나님 나라를 위한 교회입니다. 교회의 선교는 사람을 전도하는 데 그치지 않습니다. 그것은 이 세상 가운데 하나님 나라의 희망을 다시 일깨우는 일이며, 교회는 바로 이 '희망의 사도직'을 통해 참된 교회로 존재하게 됩니다. 교회는 세상의 구원이 아닙니다. 그러나 교회는 세상의 구원과 해방을 위한 하나님의 선교에 동참함으로써, 세상을 섬기고 봉사하는 사명을 지닙니다. 선교적 교회는 반드시 하나님 나라의 관점에서 이해되어야 합니다. 선교는 복음을 전하는 일을 넘어섭니다. 그것은 하나님의 임재 안에서 이루어지는, 정치적·경제적·사회적 해방까지 아우르는 포괄적인 사역입니다.[199]

몰트만이 말하는 '하나님의 선교'는 기존의 선교 패러다임을 확장시킵니다. 그의 선교 신학은 개인의 구원에 머물지 않고, 온 생명을 포괄하는 우주적 시야를 지닙니다. 그는 그리스도를 통해 하나님께서 이 세상에 가져오신 생명이란, 서로에게 나누어지고 함께 살아가는 통전적인 생명이며, 결코 파괴될 수 없는 영원한 생명이라고 말합니다.[200]

그러므로 교회는 더 이상 공격적이거나 확장 중심적인 방식으로 선교를 이해해서는 안 됩니다. 몰트만은 선교를 하나님의 미래, 곧 '하나님 나라', '영원한 생명', '새 창조'로의 초대로 보았습니다. 그리스도인은 타인의 세계관을 무시하거나 정복하려는 태도 대신, 그들을 하나님의 새로운 창조에 동참하도록 부르는 사람들입니다. 하나님께서 교회를 세상으로 보내신 목적은 바로 '모든 만물을 새롭게 하려는 것'입니다.[201]

선교적 교회는 하나님의 선교에 응답하며, 세상 속에서 하나님 나라를 살아가는 공동체입니다. 복음을 삶으로 드러냅니다. 성육신적이고 관계 중심적인 방식으로 세상과 만납니다. 이들은 하나님 나라의 백성으로서 정의와 화해, 회복을 실천하려 노력합니다. 결론적으로 몰트만의 교회론과 선교적 교회 개념 역시, 하나님 나라를 중심으로 교회의 선교적 본질을 삼위일체 하나님의 존재와 사역을 통해 이해한다는 측면에서 많은 부분 일치하며 서로를 지지합니다. 반면에 복음 전파라는 선교적(목회적) 목표에 좀 더 방점을 두는 선교적 교회에 비해 몰트만의 교회론은 세상을 향해 열린, 세상과 소통하는 교회로서의 역할을 중요하게 여깁니다. 인권, 평화, 생태와 같은 사회적 · 정치적 거시 담론에 좀 더 초점을 둡니다. 교회의 사명은 이 둘의 조화와 균형이어야 합니다. 어느 하나도 소홀해져선 안 됩니다. 복음으로 새롭게 된 교회의 사명은 자연스럽게 저 둘을 아우르는 총체적인 선교여야 합니다.

그렇다면 이제 다음 질문을 던질 차례입니다. 교회는 세상의 구조와 권력, 정치와 사회 안에서 어떤 모습을 지녀야 할까요? 하나님 나라의 백성으로서 정의와 화해, 회복을 실천하려는 사회적 노력을 이후 살펴볼 정치적 교회에서 찾아볼 수 있을까요? 이 책에서 말하고 싶은 '정치'란 과연 어떤 의미일까요? 정치적 교회와의 대화를 통해, 교회의 공공성과 하나님 나라의 정치성에 대해 살펴보려 합니다.

C. 정치적 교회

1. 정치적 불가피성

오늘날 교회가 정치적 문제와 마주하는 이유는 사회 문제가 심각하기 때문만은 아닙니다. 그보다 더 깊은 차원에서, 교회가 국가와 어떤 관계를 맺어야 하는지를 둘러싼 신학적 이해의 차이가 그 배경에 놓여 있습니다. 리처드 니버(H. Richard Niebuhr)는 그의 저서 『그리스도와 문화』에서 교회와 문화(또는 국가)의 관계를 다섯 가지 유형으로 구분하며, 어느 하나가 절대적인 모델이 될 수 없다고 말합니다. 그는 시대와 맥락에 따라 교회의 자세가 달라져야 한다고 강조합니다.[202] 이처럼 교회와 국가의 관계는 고정된 도식이 아니라, 시대와 장소를 고려하는 신학적 성찰의 대상입니다.

칼뱅(John Calvin)은 교회의 영적 통치와 국가의 세속적 통치를 구분하면서도, 이 둘이 하나님의 질서 아래 협력할 수 있다고 보았습니다. 국가는 하나님의 섭리 안에 있는 제도이며, 통치자는 하나님의 도구로 이해됩니다. 그러나 국가 권력이 하나님의 뜻을 벗어날 경우, 교회는 하나님의 권위를 기준 삼아 그에 맞서야 한다고 주장했습니다.[203]

한편, 바르트(Karl Barth)는 국가의 자율성을 경계하면서, 교회는 언제나 복음의 기준으로 국가를 평가하고 비판할 수 있어야 한다고 말합니다. 국가는 하나님의 섭리 속에 있으나, 진리를 대표할 수는 없으며, 오류를 범할 수 있는 인간 제도에 불과합니다. 따라서 교회는 공공선을 추구하되, 그 판단 기준은 하나님 나라에 두어야 합니다.[204]

오스카 쿨만(Oscar Cullmann) 역시 국가 권위의 신적 기원을 인정하면서도, 궁극적인 구원은 오직 하나님께로부터 온다는 점을 분명히 했습니다. 교회는 국가와의 관계에서 순종과 비판 사이의 긴장을 지혜롭게 유지해야 한다는 것이 그의 주장입니다.[205]

이처럼 교회와 국가에 대한 신학적 이해가 서로 다르기에, 어떤 교회는 국가 권력과 협력하며 사회적 영향력을 추구하고, 또 다른 교회는 철저히 거리두기를 하며 예언자적 역할을 강조합니다. 결국 교회가 사회적 이슈와 마주하는 방식은, 이러한 신학적 국가관에 따라 다양하게 나타납니다.

오늘날 우리는 교회가 더 이상 정치적 질문을 피할 수 없는 시대를 살고 있습니다. 젠더, 기후, 경제 불평등, 난민과 같은 주제들이 교회의 응답을 요구합니다. 침묵은 시대에 뒤처지는 것이며, 발언은 갈등을 감수해야 하는 상황 속에서, 교회는 이미 정치의 중심에 서 있습니다. 우리는 '정치적 불가피성'(political inevitability)이라는 현실 앞에 서 있는 것입니다.

2. 정치적 교회의 특징

'정치적 교회'라는 말을 들으면 많은 사람들은 특정 정당을 지지하거나 시위에 참여하는 교회를 떠올립니다. 물론 이런 외형적 활동도 정치적 실천의 일부일 수 있습니다. 하지만 교회의 정치성은 겉으로 드러나는 활동이나 발언에 국한되지 않습니다. 정치는 훨씬 더 깊은 차원에서, 공동체를 어떻게 구성하고, 무엇을 가치로 여기며, 어떤 방식으로 질서를 조직해 나가는지를 묻는 실존적 질문입니다.

정치는 "누가 결정하는가?", "무엇이 우선되는가?", "질서는 어떻게 유지되는가?"와 같은 질문을 포함합니다. 이는 우리의 삶과 공동체 운영 전체에 스며 있는 문제입니다. 한나 아렌트(Hannah Arendt)는 정치를 다수가 함께 살아가는 조건 속에서 '세상을 함께 만들어가는 일'로 이해했습니다.[206] 국가 운영을 넘어, 사람들 간의 공존 방식과 공동의 삶의 형태를 고민하는 것이 바로 정치입니다.

미셸 푸코(Michel Foucault)는 권력을 억압의 수단이 아니라, 삶을 조직하고 형성하는 일상적인 실천으로 보았습니다. 그는 권력이 법이나 명령이 아닌, 몸과 습관, 시간과 공간을 구성하는 규율의 형태로 작동한다고 보았습니다. 우리의 일상 속 규율과 질서, 행동의 방식은 곧 정치적인 것입니다.[207]

윌리엄 캐버너(William T. Cavanaugh)는 근대 국가가 교회를 대신해 새로운 '구원의 신화'를 만들어내고 있다고 말합니다. 국가는 교회의 구조를 흉내 내며, 사람들의 충성을 통합하는 새로운 방식의 종교성을 제시합니다. 그는 이 과정에서 교회는 종교기관이 아닌, 하나님 나라의 대안적 삶을 증언하는 '정치 공동체'로 자리 잡아야 한다고 강조합니다.[208]

이처럼 교회의 정치성은 외부 활동에만 있는 것이 아니라, 내부의 구조와 실천, 그리고 교회가 품고 있는 상상력에도 깊이 뿌리내리고 있습니다. 교회가 규모 유지를 위해 욕망을 조직하거나, 갈등을 회피하려 특정 목소리를 억누르거나, 변화보다 안정과 기존 리더십 유지를 우선시하는 등의 모습도 모두 정치적인 행위입니다. 정치란 바로 이런 방식으로 공동체의 방향과 질서를 형성하는 모든 결정에 스며 있는 것입니다.

결국 중요한 통찰은, 정치성은 외부로부터 주어지는 것이 아니라, 공동체 내부, 더 나아가 개인의 욕망이 작동하는 모든 곳에 존재한다는 점입니다. 정치성을 외부의 문제로만 간주할 때, 우리는 '저 사람들이 바로 정치적 교회다'라고 하는 이분법에 빠지게 됩니다. 그러나 실상 우리는 모두 정치적 존재이며, 교회 역시 예외일 수 없습니다.

이러한 통찰을 신학적으로 구체화한 대표적 인물이 스탠리 하우어워스(Stanley Hauerwas)입니다. 그는 교회를 신앙을 나누는 공동체를 넘어, 예수 그리스도의 삶을 따르는 대안적 정치 공동체로 이해합니다. 그는 정치란 결국 "어떻게 살아갈 것인가"에 대한 질문이며, 교회의 정치성은 특정 이념을 드러내는 것이 아니라 그리스도의 이야기를 실천하며 살아가는 삶에 있다고 그는 말합니다. 교회는 세상의 논리를 답습하지 않고, 고유한 윤리와 상상력을 지닌 공적 실천의 공동체로 존재해야 합니다.[209]

따라서 교회가 어떤 정치성을 따르고 있는지를 성찰하지 않는다면, 오히려 가장 정치적인 방식으로 세속 권력의 질서를 모방하게 될 수 있습니다. 정치적 교회란 곧, 하나님 나라의 질서를 실천하는 공동체이며, 교회 안의 구조와 실천 자체가 정치적 행위임을 자각하는 데서 출발합니다.

3. 몰트만의 교회론과 정치적 교회

1) 몰트만 교회론의 정치적 본질

몰트만에게 교회는 본질적으로 정치적인 공동체입니다. 여기서 '정치적'이라는 말은 특정 정당을 지지하거나 어떠한 사회 운동에 참여하는 활동을 의미하지 않습니다. 몰트만이 말하는 정치성은 훨씬 더 깊은 차원, 곧 하나님 나라의 질서를 어떻게 이 땅에서 선취하며 살아낼 것인가에 관한 문제입니다.

그는 하나님 나라를 미래의 내세적 약속으로만 보지 않았습니다. 하나님 나라는 예수 그리스도의 부활 사건을 통해 이미 이 세상에 들어왔고, 교회는 이 나라의 새로운 질서를 지금, 여기에서 미리 살아가는 공동체라고 봅니다. 따라서 교회는 세상의 불의와 억압, 고통에 대해 침묵할 수 없으며, 정의와 평화, 자유와 생명의 질서를 공동체적으로 실천해야 합니다.

교회는 종교적 의식을 수행하는 장소로 규정될 수 없습니다. 세상 한복판에서 하나님 나라의 삶을 실현하고 증언하는 곳입니다. 세상과 구별된 성소가 아니라, 세상을 위해 존재하는 열린 공동체로 자리매김해야 한다는 것이 몰트만의 주장입니다.

몰트만은 이 같은 교회의 정치적 본질을 삼위일체 하나님의 관계성(perichoresis)에서 찾습니다. 성부, 성자, 성령의 상호 내재와 사랑은 위계와 지배가 아닌 평등과 상호 돌봄의 공동체를 보여줍니다. 교회는 이 삼위일체적 관계를 따라 자유롭고 평등한 공동체를 이뤄가야 하며, 이것이야말로 하나님 나라의 질서를 세상에 드러내는 방식입니다.

결국, 몰트만에게 정치적 교회란 세속 정치에 참여하는 집단이 아니라, 하나님 나라를 앞당겨 살아내고 증언하는 공동체입니다. 이 공동체의 구조, 그리고 이 공동체가 실천해야 할 바를 삼위일체 하나님의 관계성에서 찾겠다고 결정하는 것이죠. 이 공동체가 하나님 나라를 선취하는 방향으로 존재하고 살아가겠다는 결단인 것입니다. 이러한 결정 아래, 교회는 세상의 기존 질서에 저항하며, 새로운 생명의 공동체를 창조하고, 세상의 고통을 외면하지 않으며, 하나님의 정의와 평화를 적극적으로 실천하는 교회가 되어가야 합니다.

2) 정치적 교회의 세 가지 왜곡

몰트만의 교회론의 관점에서 보면, 오늘날 교회가 정치성을 드러내는 방식에는 여러 가지 왜곡이 나타나고 있음을 발견합니다. 이것은 시대적 혼란으로만 설명될 수 없으며, 교회가 본래의 정체성과 사명을 잃어버리고 있다는 징후이기도 합니다.

첫 번째는 체제 순응적 교회입니다. 교회가 국가 권력이나 지배 체제에 지나치게 밀착할 때, 복음은 현실 유지를 위한 도구로 전락합니다. 몰트만은 교회가 국가와 결탁하면 하나님 나라를 선포할 능력을 잃고, 오히려 억압과 불의에 침묵하거나 그것을 정당화할 위험에 처한다고 경고합니다. 교회는 세상 권력이 아닌, 하나님의 정의와 해방을 증언해야 할 공동체입니다.[210]

두 번째는 교회 내의 권력 구조화입니다. 교회 공동체 안에서도 위계와 지배, 통제의 구조가 작동할 수 있습니다. 몰트만은 삼위일체 하나님의 상호 존중과 섬김의 관계를 교회의 모범으로 제시하며, 교회가 이러한 삼위일체적 사랑의 질서를 따라야 한다고 강조합니다. 그러나 현실에서는 리더십이 특권화되고, 권력이 소수에게 집중되며, 그로 인해 공동체의 생명력은 점점 약화되고 있습니다.

세 번째는 외형 중심의 정치적 교회입니다. 교회가 특정 정당이나 정책, 이념에 깊이 몰두할 경우, 복음의 보편성과 초월성이 손상될 수 있습니다. 몰트만은 교회가 세상의 운동에 흡

수되면, 오히려 복음이 지닌 해방성과 전 인류를 향한 포용성이 축소된다고 말합니다.[211] 교회는 결코 특정 정치 세력의 도구가 되어서는 안 됩니다.

이 세 가지 왜곡은 모두 교회가 하나님 나라를 선취하는 공동체로서의 자기 정체성을 상실했을 때 나타나는 결과입니다. 그렇기에 교회는 끊임없이 세상의 가치와 질서에 동화되지 않도록 스스로를 성찰해야 하며, 언제나 복음의 빛 아래 자신을 새롭게 재정립해야 합니다.

3) 참된 정치적 교회 : 하나님 나라를 증언하는 공동체

몰트만이 말하는 정치적 교회는 세속 정치에 참여하는 공동체가 아닙니다. 참된 정치적 교회는 세상의 질서에 복무하거나 반응하는 차원을 넘어서, 하나님 나라의 질서를 이 땅 위에 선취하고 증언하는 공동체입니다. 교회는 세상의 기존 질서에 편승하지 않고, 하나님이 주도하시는 새로운 질서를 드러내는 삶의 방식으로 세상을 변화시킵니다.

사랑과 정의, 자유와 평화, 그리고 생명의 공동체성은 하나님 나라의 핵심 가치이며, 교회가 이 질서를 따라 살아갈 때 그것이 곧 정치적 실천이 됩니다. 이러한 삶은 세상과 다른 길을 걷는 선택이며, 하나님 나라를 향한 공동체의 존재 방식 자체가 하나의 선포가 됩니다.

몰트만은 삼위일체 하나님의 관계성, 곧 상호 내재(perichoresis)의 질서가 교회 안에서도 실현되어야 한다고 강조합니다. 이 상호 내재적 사랑은 지배와 위계, 분열을 넘어서는 공동체의 모델이 되며, 교회가 권력보다는 섬김과 돌봄의 정치성을 따라야 함을 보여줍니다.

또한 몰트만은 교회를 세상과 분리된 안전지대나 대립 집단으로 보지 않습니다. 오히려 교회는 세상 속에 깊이 뿌리내리며, 하나님 나라의 눈으로 세상을 바라보는 공동체입니다. 교회는 하나님 나라의 생명 질서를 세상 속에서 미리 살아내며, 그 삶 자체로 세상을 변화시키는 '징표'(sign)이자 '전조'(promise)가 되어야 합니다.

결국, 참된 정치적 교회란 하나님 나라를 증언하는 교회입니다. 이는 세속 정치의 도구가 되거나 그에 대해 반대하는 것만이 아니라, 하나님 나라의 비전을 구체적으로 살아내고, 그 질서를 공동체 안팎에서 실현하려는 적극적인 존재 방식입니다. 교회는 그 자체로 하나님의 미래를 오늘 이 자리에서 선취하는 공동체인 것입니다.

정치적 교회에 대한 논의는 교회가 이념을 대변하는 집단이 아니라, 하나님 나라의 질서를 이 땅에 증언하고 실천하는 공동체임을 일깨워 줍니다. 교회의 정치성은 외부 활동뿐아니라 내부 구조와 상상력 속에도 깊이 자리합니다. 교회는 시대의 도전에 응답하며, 삼위일체 하나님의 질서를 따라 정의와 생명의 공동체로 살아가야 합니다. 우리의 욕망이 아닌 섬김과 희생이라는 하나님의 뜻을 선택하는 거룩한 정치성을 지녀야 합니다.

이제 이 정치적 성찰은 새로운 시대적 환경, 곧 디지털 공간에서도 이어져야 합니다. 오늘날 공적, 사적 삶의 중요한 장이 대거 온라인으로 이동했기 때문입니다. 온라인 공간 역시 교회가 하나님 나라를 어떻게 구현할 것인가를 묻는 중요한 현장입니다. 물성과 얼굴, 개개인의 이름의 감각이 희미해져 버린 이 새로운 교회는, 앞서 논의한 여러 교회들과는 또 다른 차원의 고민을 우리에게 던집니다. 이어지는 논의에서, 우리는 온라인 교회라는 새로운 현실 속에서 교회의 본질과 사명을 다시금 살펴보려 합니다.

D. 온라인 교회

1. 비대면 시대

21세기 디지털 혁명과 코로나19 팬데믹은 인류의 삶의 방식을 근본적으로 바꾸어 놓았습니다. 거리와 시간의 제약을 넘어서 언제 어디서든 연결될 수 있는 기술은, 삶의 거의 모든 영역으로 깊숙이 들어왔습니다. 일터와 학교, 시장과 가정뿐 아니라, 예배와 공동체까지도 더 이상 '물리적 공간'에만 의존하지 않게 되었습니다. 이러한 변화는 단지 편의를 위한 수단을 넘어, 새로운 존재 방식으로 자리 잡고 있습니다.

지그문트 바우만(Zygmunt Bauman)은 오늘날의 사회를 '액체 근대'라 부르며, 인간 관계의 유동성과 불확실성을 강조했습니다. 전통적 공동체의 견고함은 해체되고, 사람들은 오래된 울타리를 떠나 더 많은 자유를 누리는 듯 보이지만, 그만큼 지속성과 책임이 사라진 관계 속에서 점점 더 불안정한 정체성과 외로움에 직면하게 됩니다.[212]

셰리 터클(Sherry Turkle) 역시 기술을 통한 연결이 오히려 고립을 심화시키고 있다고 말합니다. 사람들은 끊임없이 연결되어 있지만, 진정한 친밀함과 경청, 공감은 점점 사라지고 있으며, 이는 인간 존재의 본질적 고립을 드러냅니다.[213]

돈 탭스콧(Don Tapscott)은 디지털 네이티브 세대가 아예 디지털 환경 속에서 자라났다고 지적하면서, 이들이 갖는 감각과 습관, 관계 맺기의 방식이 이전 세대와 본질적으로 다르다고 분석합니다. 즉각적인 소통, 빠른 반응, 개인 중심의 정보 소비는 새로운 문화를 만들어냈지만, 동시에 공동체에 대한 인내와 연대, 깊이 있는 소속감을 형성하는 데는 장애가 되었습니다.[214]

이러한 흐름 속에서 교회 역시 근본적인 질문 앞에 서게 됩니다. 삼위일체 하나님의 사랑과 친교 안에서 태어난 교회는, 단지 정보나 콘텐츠를 제공하는 기관이 아닙니다. 교회는 성부, 성자, 성령의 사랑과 연대를 지상에서 살아내는 공동체입니다. 삼위일체 하나님의 관계는 일방적인 전달이 아니라 상호적이며 참여적인 친교입니다. 따라서 온라인 환경 속에서도 교회는 이 삼위일체의 형상, 곧 상호성, 공유, 참여, 실재적 관계를 구현해야 합니다.

오늘날 우리가 맞이한 비대면 시대는 분명 새로운 기회인 동시에 도전입니다. 교회는 '온라인 전환'이라는 기술적 변화로 문제를 해결하려 하기보다, 이 시대 속에서 삼위일체적 친교의 방식으로 어떻게 존재할 것인지를 고민해야 합니다. 연결의 시대 속에서 진정한 만남을, 정보의 시대 속에서 깊은 신앙의 공동체를, 분산된 세상 속에서 성령 안에 모인 하나의 몸을 실현하려는 노력이 필요합니다. 바로 이 지점에서 우리는 온라인 교회가 갖는 특징과 그 가능성, 그리고 신학적 긴장을 함께 숙고해야 할 것입니다.

2. 온라인 교회의 특징

온라인 교회는 디지털 공간에서 형성되는 새로운 신앙 공동체의 형태입니다. 이는 예배 중계 이상의 의미를 지닙니다. 온라인 교회는 물리적 한계를 넘어 복음을 전할 수 있으며, 시간과 장소의 제약 없이 성도들과 연결될 수 있는 가능성을 열어줍니다. 특히 이동이 어렵거나 지역 교회에 접근이 어려운 이들에게 온라인 교회는 중요한 영적 접점을 제공합니다. 디지털 공간 속에서도 예배와 기도, 나눔과 섬김이 이루어지고 있으며, 전통적 방식으로 교회에 참여하지 못했던 이들도 새로운 형태의 공동체에 참여할 수 있게 되었습니다.

이러한 점에서 온라인 교회는 '삼위일체적 친교의 확장 가능성'을 품고 있습니다. 성부, 성자, 성령의 역동적인 교제가 디지털 환경 속에서도 이루어질 수 있다면, 교회는 새로운 공간 속에서도 '살아 있는 몸'으로 존재할 수 있습니다. 예배와 말씀, 소그룹과 상담, 심지어 성찬까지 온라인에서 시도되고 있다는 점은 교회가 시대의 변화 속에서도 그 본질을 붙들며 유연하게 대응하고자 하는 노력의 표현입니다. 이는 기술의 수용이 편의의 차원이 아니라, 하나님 나라의 확장을 위한 실천일 수 있음을 보여줍니다.

실제로 여러 교회는 온라인 플랫폼을 적극적으로 활용하고 있습니다. 미국의 라이프처치(Life.Church)는 온라인 캠퍼스를 운영하며, 매주 수십만 명이 참여하는 디지털 예배를 제공합니다. 힐송 교회(Hillsong Church) 역시 전 세계를 대상으로 온라인 예배를 중계하며, 온라인 커뮤니티를 통해 소그룹과 양육 프로그램을 진행하고 있습니다. 국내에서도 사랑의 교회, 온누리교회 등 많은 교회가 '온라인 구역'과 '온라인 교구'를 운영하여, 지역을 초월한 공동체 형성을 시도하고 있습니다.

하지만 온라인 교회에는 동시에 풀어야 할 신학적 과제들이 존재합니다. 무엇보다 신앙이 지나치게 개인화되고, 교회가 소비되는 콘텐츠로 전락할 위험이 있습니다. 물리적 모임이 주는 몸의 참여, 공동체 안에서의 상호 책임, 그리고 함께 걷는 순례적 삶의 감각이 온라인 환경에서는 약해질 수 있습니다. 그리스도 안에서 서로를 돌보는 유기체적 관계보다는, 일방적인 수용과 선택의 방식이 지배하는 구조 속에서 신앙은 점점 더 사적인 영역으로 밀려날 수 있습니다.

특히 교회가 삼위일체 하나님의 친교에 참여하는 공동체라면, 이 공동체성은 '연결'을 넘어서 '함께 살아가는 실재'여야 합니다. 성령 안에서 이루어지는 참여와 나눔, 책임과 돌봄이 실제로 온라인 공간에서 가능한지에 대한 물음은, 온라인 교회가 디지털 전환을 넘어 삼위일체적 존재 방식을 어떻게 구현할 수 있는가에 대한 본질적 질문으로 이어집니다. 이러한 점에서 온라인 교회는 '기술의 수용'을 넘어서, '삼위일체적 관계'에 대한 신학적 상상력과 실천적 고민을 함께 요구받고 있습니다.

온라인 교회에서 가장 논쟁적인 주제 중 하나는 성례전입니다. 전통적으로 성례전은 함께 모인 공동체 안에서, 하나님의 임재를 물질을 통해 체험하는 살아 있는 사건이었습니다. 성찬은 그리스도의 몸과 피를 함께 나누며 교회의 하나 됨과 그리스도의 현존을 고백하는 신비입니다. 그러나 온라인 환경에서는 이러한 공동체성, 실재성, 상호성의 차원이 약해질 수 있습니다. 화면을 통해 각각의 장소에서 각자 떡과 잔을 들고 있다는 사실이, 과연 '함께 나눔'의 실제성을 담보할 수 있을까 하는 질문이 제기됩니다.

몰트만의 교회론에 따르면, 교회는 성령 안에서 그리스도의 현재에 참여하는 공동체입니다. 성례전은 바로 이 참여의 가장 깊은 표현이기에, 그 순간은 형식적 절차를 넘어 삼위일체 하나님의 임재를 경험하는 자리입니다. 따라서 온라인 성찬을 시행할 때도, 그 안에 담긴 실질적인 공동체성과 하나님의 현존이 어떻게 구현될 수 있을지를 신중히 성찰해야 합니다. 이것은 '해도 되는가?'의 문제가 아니라, '어떻게 하면 진정한 참여가 가능한가?'에 대한 창의적이며 삼위일체적인 신학적 상상력의 요청입니다.

이처럼 온라인 교회는 디지털 시대에 새로운 가능성과 과제를 동시에 품고 있는 신앙 공동체의 실험장이 되고 있습니다. 기술을 활용한 예배와 사역이 물리적 제약을 넘어선 복

음의 확장을 가능하게 했지만, 그만큼 교회 본연의 공동체성
과 성례전에 대한 근본적 질문도 다시 제기되고 있습니다. 단
지 콘텐츠의 전달을 넘어, '살아 있는 교회'로서의 존재 방식
은 여전히 유효하고 본질적입니다. 이제 우리는 물어야 합니
다. 온라인 교회는 어떻게 삼위일체 하나님의 친교 안에 참여
하며, 그 관계성을 현실 속에서 구현할 수 있을까? 그리고 디
지털 공간에서도 참된 교회다움은 가능한가?

이러한 질문들 앞에서 우리는 몰트만의 교회론을 다시금
주목하게 됩니다. 몰트만은 교회를 구조나 제도가 아닌, 하나
님 나라를 선취하며 삼위일체의 친교에 참여하는 살아 있는
공동체로 이해했습니다. 그렇기에 온라인 교회 역시 이 신학
적 기준 앞에서 성찰해야 할 책임을 지니고 있습니다. 이제 우
리는 몰트만의 교회론에 비추어, 온라인 교회가 나아가야 할
신학적 방향과 가능성을 함께 살펴보고자 합니다.

3. 몰트만의 교회론과 온라인 교회

몰트만은 교회를 "하나님 나라를 선취하는 공동체"로 이해합
니다. 교회는 삼위일체 하나님의 역동적인 친교에 참여하는
사건이며, 세상 속에서 해방과 희망을 증언하는 살아 있는 공
동체입니다. 교회는 하나님 나라가 미래에만 머무는 것이 아
니라 예수 그리스도의 부활과 성령의 임재를 통해 지금 여기

에서 미리 경험하는 공간이자 현실이라는 점에서, 세속 질서와는 구별되는 새로운 삶의 방식과 가치들을 실현하는 공동체입니다.

이러한 몰트만의 교회론에 비추어 볼 때, 온라인 교회는 중요한 신학적 질문 앞에 서게 됩니다. '디지털 공간에서 드러나는 교회의 활동이 정보 전달이나 종교 콘텐츠 소비에 머물고 있지는 않은가?', '성령 안에서의 실제적인 친교, 함께 고통을 나누는 삶의 연대, 성례전적 실재를 살아가는 경험이 과연 온라인 공간 속에서도 가능한가?' 온라인 교회가 진정한 교회됨을 구현하고자 한다면, 편의성과 접근성을 넘어서, 삼위일체적 공동체성을 어떻게 실질적으로 드러낼 것인가를 진지하게 고민해야 합니다.

몰트만은 삼위일체 하나님의 관계를 교회 공동체의 모델로 제시합니다. 성부, 성자, 성령 사이의 사랑과 상호 내재는 위계나 지배가 아닌, 자유롭고 평등한 참여의 관계를 나타냅니다. 교회는 이 신적 관계의 질서를 지상에서 구현하는 공간이 되어야 하며, 그 안에서는 돌봄과 책임, 소통과 연대가 살아 있어야 합니다. 온라인 교회도 이러한 '살아 있는 친교의 장'으로 기능할 수 있을지, 즉 비대면의 한계 속에서도 삼위일체적 관계성의 확장을 가능케 하는 장이 될 수 있을지를 묻지 않을 수 없습니다.

또한 몰트만은 성례전적 현실성을 교회의 본질적 표지로 강조합니다. 성례전은 성령의 임재 안에서 그리스도의 현재와 교회의 하나 됨을 체험하는 실제적인 사건입니다. 그렇기에 온라인 환경에서의 성찬례는 더욱 신중한 신학적 접근과 창의적인 실천을 요구합니다. 물리적 거리 속에서도 삼위일체 하나님의 임재와 공동체적 연대가 현실로 경험될 수 있는 방식은 무엇일까요? 시행 여부를 논하는 것을 넘어, 공동체성이 어떻게 구현되는지를 중심에 놓는 성례전적 상상력이 필요합니다.

무엇보다 몰트만은 교회를, 세상을 향한 해방과 희망의 공동체로 봅니다. 교회는 자기 안의 친교에만 머물지 않고, 세상의 불의와 고통에 민감하게 반응하며 하나님의 정의와 생명을 선포하는 존재입니다. 이러한 점에서 온라인 교회는 기술적 가능성 이상의 신학적 과제를 안고 있습니다. 우리는 편리한 예배 방식이 아니라, 고통받는 세상 한가운데에서 하나님의 나라를 선취하는 실천적 증언 공동체가 될 수 있는지 스스로 물어야 합니다.

결론적으로 몰트만의 교회론은 오늘날 온라인 교회에 세 가지 중요한 요청을 던집니다. 첫째, '삼위일체적 공동체성의 회복'에 관한 질문입니다. 디지털 공간에서도 참된 친교와 상호 책임의 관계를 어떻게 실현할 수 있을 것인가? 둘째는 '성례전적 현실성의 창의적 구현'입니다. 형식을 유지하는 것을 넘어, 하나님의 임재를 함께 경험하는 실제적 참여는 어떻게 가능한가? 셋째, '세상을 향한 해방과 희망의 증언'입니다. 온라인 공간에서조차, 교회는 여전히 세상의 고통과 불의에 응답하며 하나님의 나라를 증언할 수 있는가?

온라인 교회는 이제 편의와 접근성을 넘어서, 이러한 본질적 물음에 신학적으로 응답할 준비가 되어야 할 것입니다. 몰트만이 말한 살아 있는 교회는 시대의 변화에도 불구하고 여전히 삼위일체적이고 성례전적이며, 세상을 위한 공동체로 남아야 합니다.

디지털 시대의 흐름 속에서 등장한 온라인 교회는 공간과 시간의 제약을 넘어 새로운 공동체 형성의 가능성을 열어주었습니다. 예배, 교제, 양육, 심지어 성례전까지도 온라인 환경에서 시도되며, 교회는 유연하게 변화에 적응해 왔습니다. 그러나 동시에 이러한 변화는 교회가 정보 소비의 장으로 전락할 위험과, 공동체성과 성례전의 실재성이 약화되는 신학적 과제를 동반하고 있습니다.

이러한 상황 속에서 몰트만의 교회론은 깊은 통찰을 제공합니다. 그는 교회를 삼위일체 하나님의 친교에 참여하는 공동체로 보며, 이 공동체는 하나님 나라를 미리 살아내는 증언의 삶을 실천하는 공간이라고 말합니다. 그렇기에 교회는 존재에 머무르지 않고, 하나님의 사랑과 정의, 해방과 희망을 구체적으로 드러내는 공동체여야 합니다. 온라인 교회도 이 부르심 안에서, 새로운 형식 안에 담긴 본질을 회복하며, 시대의 한복판에서 하나님 나라를 증언하는 공동체로 살아가야 합니다.

우리는 제5장에서 이머징 교회, 선교적 교회, 정치적 교회, 온라인 교회와의 대화를 통해, 다양한 시대적 요청과 교회의 응답을 함께 살펴보았습니다. 각 교회의 특징은 각각의 독특한 맥락 속에서 하나님 나라의 복음을 실천하려는 시도였으며, 몰트만의 교회론은 그러한 시도를 신학적으로 점검하고, 동시에 격려하는 기준이 되어주었습니다.

이제 남은 질문은 하나입니다. 이 모든 신학적 대화 이후, 우리는 어떠한 교회여야 할까요? 시대는 계속 변하고, 사회는 새로운 도전에 직면하고 있습니다. 그런 흐름 가운데, 하나님 나라를 선취하는 공동체로서, 교회는 어떤 방향성을 가져야 할까요? 이제 우리는 다음 마지막 장에서, 지금 여기를 살아가는 교회가 어떠한 모습으로 존재하며 복음을 실천해가야 할지를 함께 모색해 보려 합니다.

1. 이머징 교회가 강조하는 환대와 공동체성은 하나님 나라의 어떤 측면을 회복하려는 시도라고 볼 수 있습니까?

2. 포스트모던 상황 속에서 진리를 말하는 방식은 어떻게 달라져야 하며, 무엇은 여전히 붙들어야 합니까?

3. 선교를 프로그램이 아니라 정체성으로 이해한다는 말은 무엇을 의미합니까?

4. "하나님의 선교가 교회보다 앞선다"는 관점은 교회의 사역 목표를 어떻게 재정렬하게 합니까?

5. 교회의 정치성은 특정 이념을 지지하는 문제가 아니라 삶의 방식이
   라고 할 때, 우리는 이를 어떻게 이해해야 합니까?

6. 교회 안에서 서로 다른 정치적 의견을 나눌 때, 복음에 합당한 태
   도는 무엇이라고 생각하십니까?

7. 온라인 예배를 경험하며 느낀 은혜와 한계를 돌아볼 때, 우리는 무
   엇을 지켜야 하고 무엇을 보완해야 합니까?

8. 유튜브 송출과 디지털 사역은 교회의 접근성을 넓혀 주었지만, 동
   시에 공동체성을 약화시킬 위험도 지닙니다. 삼위일체적 친교를 온
   라인 공간에서 구현하기 위해 필요한 고민은 무엇입니까?

6장 우리는 어떠한 교회여야 할까?

오늘날 교회는 포스트모던 문화와 세계화, 정치적 긴장과 기술의 급변 속에서 새로운 정체성을 요구받고 있습니다. 앞선 제5장에서 우리는 이머징 교회, 선교적 교회, 정치적 교회, 온라인 교회라는 네 가지 현대 교회론의 흐름을 살펴보았습니다. 이들은 각기 시대의 변화를 반영하며, 새로운 방식으로 교회의 존재 의미를 모색하고 있었습니다. 그리고 그들과의 대화를 통해, 몰트만이 제시한 하나님 나라 중심의 교회, 삼위일체적 사랑과 참여의 공동체, 세상 속에서 고통받는 자들과 연대하는 열린 교회의 가능성을 발견했습니다.

그렇다면 이제 우리의 질문은 더욱 구체화됩니다. 이러한 통찰을 바탕으로 우리는 어떠한 교회를 이루어야 할까요? 지금 한국 사회 속에서, 그리고 각 지역 교회에서 우리는 무엇을 추구하고, 어떻게 살아가야 할까요? 이 마지막 장에서는 그 질문에 응답하고자 합니다.

A. 하나님 나라를 지향하는 삼위일체적 교회

지금까지 우리는 복음이 개인의 구원이나 교리의 집합이 아님을 확인해 왔습니다. 복음은 삼위일체 하나님의 사랑에서 흘러나오는 하나님 나라의 이야기이며, 교회는 이 사랑과 나라를 세상 가운데 살아내기 위해 부름받은 공동체입니다.

몰트만의 신학은 이 복음의 깊이를 따라가며, 삼위일체 하나님의 친교 속에서 교회의 본질을 재발견하게 합니다. 그는 교회를 제도나 조직에 머무는 실체가 아니라, 삼위일체 하나님의 생명과 사랑의 교제 안에서 살아 움직이는 공동체로 이해합니다.[215] 복음의 이야기는 성부와 성자, 성령이 서로 사랑하고 하나 되는 신적인 이야기입니다. 이 사랑의 이야기 속으로 하늘과 땅, 그리고 우리 모두는 초대받았습니다.[216]

삼위일체 하나님의 신적 교제는 '페리코레시스'로 표현됩니다. 이는 서로 깊이 들어가고, 연결되며, 순환하는 신비로운 관계를 뜻합니다. 몰트만은 이 삼위일체적 교제가 교회의 본질이어야 한다고 강조합니다. 교회는 그저 함께 모인 사람들이 아니라, 삼위일체 하나님 안에서 하나로 연결된 생명의 공동체입니다.

몰트만의 삼위일체적 교회론은 위기의 한국교회에 새로운 방향을 제시합니다. 교회의 본질은 인간의 계획이나 능력에 있는 것이 아니라, 삼위일체 하나님의 도우심과 사랑의 힘에 뿌리를 두고 있습니다. 교회는 언제나 삼위일체 하나님으로부터 시작하여, 그분께로 나아가는 존재입니다. 이제 우리는 이 신학적 통찰을 바탕으로, 한국교회가 어떠한 교회가 되어야 하는지를 함께 모색하려고 합니다. 하나 됨을 이루고, 사랑을 실천하며, 세상을 향해 열려 있는 교회, 이것이 우리가 지향해야 할 하나님 나라의 공동체입니다.

1. 삼위일체적 일치(연합)를 추구하는 교회

삼위일체 하나님은 분리되거나 경쟁하는 존재가 아니라, 완전한 사랑과 연합 속에 함께 계십니다.[217] 그분의 내적 관계는 나눌 수 없는 일치이며, 이 사랑의 관계는 곧 교회가 따라야 할 본보기입니다. 교회는 이 삼위일체적 연합을 따라 살아야 합니다. 물론 우리는 하나님의 깊은 교제를 완전히 닮을 수는 없습니다. 그러나 성령께서 우리 안에 거하시고, 우리를 서로 연결하시기에, 우리는 그분 안에서 하나 됨을 향해 나아갈 수 있습니다.[218]

복음이 말하는 하나님 나라는 단절이 아니라 화해의 이야기입니다. 성부와 성자, 성령이 하나 되어 우리를 이끄시는 것처럼, 교회도 이 연합을 삶 속에서 실천해야 합니다. 우리는 지금까지 복음을 개인의 구원에 국한하는 경향에서 벗어나, 공동체적이고 관계적인 하나님 나라를 배워왔습니다. 교회의 일치는 이러한 하나님 나라를 살아내는 출발점입니다. 일치는 같은 생각을 갖는 것이 아니라, 서로를 향한 사랑과 인내로 함께 걸어가는 과정입니다.

오늘날 교회는 종종 분열과 다툼 속에 놓여 있습니다. 신학적 견해의 차이, 문화적 배경의 차이, 지역적 갈등은 때로 교회를 나누는 벽이 됩니다. 그러나 교회는 이런 현실 속에서도 일치를 포기하지 말아야 합니다. 하나 됨은 교회의 본질적 표지이며, 그리스도 안에서의 연합은 세상에 대한 강력한 증언이 됩니다. 상처가 깊고 변화가 더디더라도, 교회는 하나님 안에서 하나 됨을 향한 소망을 잃지 말아야 합니다. 이 하나 됨은 조직적 통합을 의미하는 것이 아니라, 서로의 존재를 환대하고, 다름을 존중하며, 함께 사랑 안에서 성장하는 것을 뜻합니다.

몰트만은 이러한 연합이 성령 안에서 가능하다고 말합니다. 성령은 우리로 하여금 서로를 이해하게 하며, 자신을 내려놓고 공동체에 헌신하게 만듭니다. '페리코레시스'의 관계처럼, 교회는 위계가 아니라 상호 돌봄과 순환적인 사랑으로 연결되어야 합니다. 이것이야말로 삼위일체의 사랑을 따라 사는 교회의 모습이며, 세상 속에서 빛나는 하나 됨의 실천입니다.

한국교회가 이 삼위일체적 연합의 길을 걷기 위해서는, 구체적인 실천이 필요합니다. 예컨대 교단 간 연합 예배나 공동 선교 프로젝트, 지역 교회 간의 교류와 협력 같은 실천은 하나님 안에서의 일치를 경험하고 증언하는 귀한 자리가 됩니다. 특별히 지역사회의 필요를 함께 감당하면서 이루어지는 협력은, 세상의 분열과 경쟁을 넘어서는 하나님 나라의 질서를 드러냅니다. 교회가 이런 연합을 이룰 때, 세상은 그 안에서 새로운 소망을 발견할 수 있을 것입니다.

이 연합은 대형 교회나 특정 리더십만의 과제가 아니라, 모든 교회와 성도의 책임입니다. 각자의 위치에서 서로를 축복하며, 지역과 교단을 넘어 연합의 실천을 고민하는 교회야말로 진정한 하나님 나라 공동체로 자라갈 수 있습니다. 우리가 서로를 형제자매로 대하며, 함께 예배하고 협력할 때, 교회는 더 이상 나뉜 섬들이 아니라, 하나님의 사랑으로 연결된 한 몸이 됩니다.

이처럼 삼위일체 하나님의 일치를 따라 사는 교회는, 세상이 경험하지 못한 새로운 공동체의 가능성을 제시합니다. 경쟁과 분열이 지배하는 이 시대 속에서, 교회의 하나 됨은 하나님 나라의 강력한 표징이 됩니다. 서로 다른 교회들이 하나되어 걷는 모습은, 이 땅 위에 하나님 나라가 이미 시작되었음을 보여주는 살아 있는 증언입니다.

2. 삼위일체적 사랑 안에 거하는 교회

삼위일체 하나님의 관계는 본질적으로 사랑입니다. 성부는 성자를 사랑하고, 성자는 성령을 통해 성부께 응답하며, 성령은 그 사랑을 퍼뜨리고 연결하는 생명의 영이십니다. 이 사랑은 정적인 개념이 아니라 끊임없이 흐르고 순환하는 살아 있는 관계입니다. 교회는 이 사랑을 실천하는 공동체로 부름을 받았습니다. 단지 이론이나 이상이 아니라, 매일의 삶에서 삼위일체의 사랑을 살아내는 구체적인 자리로서 말입니다.

복음은 공동체 안에서 살아 숨 쉽니다. 초기 제자 공동체처럼, 오늘날 교회 역시 말씀과 떡을 떼며 기도하고, 서로 돌보는 관계 속에서 복음을 드러내야 합니다. 우리는 예배당 안에서만이 아니라, 식탁과 골목, 병실과 일터에서 서로를 돌보는 사랑을 통해 하나님의 사랑을 전해야 합니다. 삼위일체 하나님의 사랑은 관계 안에서 체험되며, 교회는 그 사랑의 통로가 되어야 합니다.

신앙은 분명 개인적인 결단이 필요하지만, 그 결단은 공동체 안에서 열매를 맺습니다. 우리는 삼위일체 하나님의 친교에 참여함으로써, 자기중심적인 삶을 넘어서 타인을 향해 열려 있는 존재로 변화됩니다. '나'만을 중심에 두었던 삶에서 벗어나, '너'의 이야기에 귀 기울이고, '우리'로 살아가는 사랑의 길로 초대받은 것입니다. 공동체 안에서 우리는 더불어 기뻐하고, 함께 아파하며, 하나님 나라의 사랑을 살아갑니다.

복음은 설명해야 할 내용이 아니라 살아내야 할 삶입니다. 말로만 전해지는 복음은 사람의 마음을 움직이기 어렵습니다. 그러나 누군가가 고통 속에 있는 이웃과 함께 울고, 외로운 이를 찾아가 말을 건네며, 삶의 짐을 함께 질 때, 그 사랑은 말보다 깊은 복음을 전합니다. 교회는 이 같은 사랑의 실천을 통해 성령의 코이노니아, 곧 교제와 협력, 참여의 공동체로 자라가야 합니다.[219]

한국교회는 이러한 공동체적 사랑을 실현하기 위해, 다양한 소그룹을 활성화해야 합니다. 구역 모임, 셀 모임, 목장 모임 등은 정보 전달의 자리가 아니라, 삶을 함께 나누는 사랑의 공동체가 되어야 합니다. 함께 울고 웃는 자리, 고민과 기쁨을 나누는 자리는 곧 하나님 나라의 사랑이 구체화하는 장소가 됩니다. 진정한 공동체는 프로그램이 아니라 사람과 사람 사이의 관계에서 시작됩니다.

이러한 소그룹이 건강하게 작동하기 위해서는 리더들의 성숙이 필요합니다. 이들을 위한 지속적인 교육과 돌봄, 영적 지원이 반드시 동반되어야 합니다. 리더는 운영의 책임을 넘어, 사랑의 방향을 제시하는 인도자입니다. 그들이 지치지 않고 사랑을 실천할 수 있도록 교회는 적극적으로 동역해야 합니다. 그럴 때 소그룹은 교회 전체를 따뜻하게 하는 사랑의 뿌리가 될 것입니다.

3. 사랑을 품고 세상으로 나아가는 선교적 교회

삼위일체 하나님의 사랑은 끊임없이 타자를 향합니다. 교회도 이 사랑을 닮아, 자신 안에 머물지 않고 세상을 향하여 나아가야 합니다. 내부의 친교가 외부를 향한 섬김으로 흘러갈 때, 교회는 비로소 삼위일체의 사랑을 완성하게 됩니다. 이웃과의 식사, 아픈 이의 손을 잡는 기도, 어려운 이를 위한 나눔 등, 이 모든 것이 삼위일체 하나님의 사랑을 살아내는 길입니다. 교회는 이 사랑을 통해, 세상 속에서 하나님 나라의 얼굴을 보여주는 공동체가 되어야 합니다.

삼위일체 하나님은 자기 안에 머물지 않고 세상을 향해 나아가시는 분이십니다. 성부는 성자를 세상에 보내셨고, 성자는 성령을 통해 세상 한복판에서 하나님의 나라를 선포하셨으며, 성령은 지금도 교회를 통하여 그 사명을 계속 이어가십니다. 이처럼 삼위일체 하나님의 사랑은 본질적으로 선교적인 사랑이며, 교회는 이 하나님의 역사에 동참하는 존재입니다.

교회는 자신만을 위해 존재하지 않습니다. 교회는 세상 속에서 하나님의 사랑과 자유, 평화와 정의를 드러내기 위해 부름을 받은 공동체입니다.

하나님의 선교는 억눌린 자를 자유롭게 하고, 소외된 이웃을 품으며, 깨어진 세상을 치유하는 사랑입니다. 교회는 이 사랑을 삶으로 드러내야 합니다. 팬데믹 시대에 도시락을 나누고, 마스크를 전달하고, 온라인으로나마 함께 예배하며 삶을 나누던 교회의 모습은 삼위일체 하나님의 사명에 응답한 좋은 예입니다. 이처럼 교회는 세상의 아픔을 외면하지 않고, 그 한복판으로 걸어 들어가야 합니다.

몰트만은 교회를 하나님 나라를 선취하는 공동체로 보았습니다. 교회는 이미 도래한 하나님 나라의 징표이며, 성령 안에서 그 나라의 현실을 미리 살아가는 곳입니다. 따라서 교회의 선교는 그 존재 자체에서 비롯되는 것입니다. 교회가 세상 속에서 살아갈 때, 그것은 확장의 논리가 아니라 사랑의 증언이어야 합니다. 교회는 지역사회를 위해 봉사하고, 불의를 향해 목소리를 높이며, 소외된 이웃과 연대하는 사명을 감당해야 합니다.

삼위일체 하나님의 사명은 언제나 세상을 향합니다. 교회는 '밖으로 나아가는 교회'가 될 때 진정한 사명을 살아냅니다. 예수께서 성육신하셔서 세상 속으로 들어오셨듯이, 교회도 지역사회로 들어가야 합니다. 병든 자 곁에, 외로운 노인 옆에, 청년의 고민과 아이들의 눈물 가운데 함께하는 교회가 되어야 합니다. 이러한 현존과 동행이야말로 하나님의 사랑을 가장 구체적으로 보여주는 길입니다.

한국교회는 이제 교회 성장이라는 수치적 목표에서 벗어나야 합니다. 복음은 숫자를 위한 도구가 아닙니다. 복음은 하나님의 생명이고 사랑입니다. 그러므로 교회는 이 생명과 사랑을 삶으로 전해야 합니다. 선교는 사람을 변화시키는 일이기에 앞서, 교회가 먼저 변화되어야 합니다. 겸손하고 온유한 태도로 세상과 소통하고, 대화하고, 함께 걸어가는 교회가 되어야 합니다.

이러한 선교는 반드시 공동체 전체의 사명이어야 합니다. 목회자만의 사역이 아니라, 모든 성도가 함께 감당하는 사명입니다. 가정에서, 직장에서, 학교에서, 이웃 가운데에서 우리는 모두 삼위일체 하나님의 사랑을 전하는 선교사로 살아가야 합니다. 교회는 모든 성도가 자기 삶의 자리에서 하나님의 사명을 감당할 수 있도록 격려하고, 훈련하며, 동역해야 합니다.

삼위일체적 사명을 감당하는 교회는 결국 세상 속에서 하나님 나라의 확장을 보여주는 공동체가 됩니다. 그 공동체는 세상에 희망을 주고, 빛을 밝히며, 어두운 현실 속에서도 하나님의 정의와 평화를 꿈꾸는 증언자가 됩니다. 교회가 세상을 변화시키려 하기보다, 먼저 스스로 변화되고 성령의 인도를 따를 때, 교회는 진정으로 삼위일체 하나님의 사명을 살아내는 공동체로 우뚝 서게 될 것입니다.

B. 하나님 나라를 경험하며, 드러내는 열린 공동체

교회는 삼위일체 하나님의 교제를 본받는 공동체일 뿐 아니라, 하나님 나라를 미리 살아가는 공동체입니다. 복음은 개인의 내면을 변화시키는 메시지를 넘어, 세상의 모든 관계를 회복시키고 새롭게 하는 하나님 나라의 이야기입니다. 이 나라는 미래에만 존재하는 환상이 아니라, 예수 그리스도 안에서 이미 시작된 현재의 실제이며, 교회는 그 나라를 경험하고 증언하는 살아 있는 표지(sign)로 부름을 받았습니다.

하나님 나라는 이념이 아닙니다. 그것은 삶의 방식이고, 존재의 태도이며, 공동체의 질서입니다. 교회가 하나님 나라를 말할 뿐 아니라, 예배와 성례, 공동체와 섬김, 환대와 나눔을 통해 그 나라를 세상 가운데 드러낼 때, 사람들은 그 안에서 진정한 희망과 생명을 발견하게 됩니다.

1. 예배를 통해 하나님 나라를 경험하는 교회

교회는 예배를 통해 하나님 나라를 가장 깊이 경험하는 공동체입니다. 예배는 종교 행사가 아니라, 하나님의 실재를 마주하는 살아 있는 만남이며, 교회의 존재 이유를 가장 뚜렷하게 드러내는 사건입니다. 우리가 함께 모여 하나님 앞에 나아갈 때, 그 자리는 시간과 공간을 넘어 하나님 나라의 현실이 임하는 자리입니다. 예배는 교회가 붙들어야 할 가장 중심적인 사명이자, 공동체의 영적 호흡입니다.[220]

이러한 예배의 진정성을 회복하려면, 교회론과 함께 예배에 대한 깊이 있는 신학적 성찰이 병행되어야 합니다.[221] 예배는 하나님을 위한 것이며, 동시에 하나님 안에서 인간의 존재와 삶을 새롭게 정립하는 자리입니다.[222] 이는 교리를 전달하거나 형식을 반복하는 것이 아니라, 하나님의 임재 가운데 들어가 존재 전체가 전환되는 실재적 사건입니다.[223] 이 사건을 통해 예배자는 하나님의 빛 아래에서 자신의 삶을 다시 바라보게 됩니다.[224] 이처럼 예배는 관념이 아니라 관계이고 경험입니다.

몰트만은 예배를 '메시아적 축제'로 이해합니다. 그는 예배를 통해 교회가 해방과 자유를 미리 경험하는 자리가 되어야 한다고 말합니다. 복음이 선포되고, 성례가 집행되며, 찬양과 기도가 울려 퍼질 때, 우리는 하나님 나라의 생명력 안으로 초대받습니다. 예배는 과거를 기억하거나 미래를 기대하는 자리를 뛰어넘어, 지금 여기서 하나님 나라를 살아내는 공간입니다. 그러므로 예배는 해방과 소망의 축제, 사랑과 진리의 선포가 공존하는 자리여야 합니다.[225]

이 시대의 예배는 특히 포스트모던 사회의 파편화와 상대주의 안에서, 여전히 진리를 선포하는 자리로 남아야 합니다. 복음은 세상을 새롭게 하는 하나님의 이야기입니다. 이 이야기는 개인의 구원을 넘어서서, 하나님 나라의 정의와 평화, 회복과 화해를 포함하는 거대한 서사입니다. 한국교회는 이 서사를 다양한 방식으로 선포함으로써, 복음의 전체적 맥락을 되살려야 합니다.

또한 복음을 전할 때, 우리는 '무엇을 말하느냐'와 함께 '어떻게 말하느냐'를 고민해야 합니다. 복음은 진실하지만, 그 전달 방식이 폭력적이거나 배타적일 경우, 사람들의 마음을 닫히게 만들 수 있습니다. 예수님은 복음을 강요하지 않으셨습니다. 그는 삶으로, 태도로, 존재 전체로 복음을 살아내셨습니다. 교회 역시 복음을 전할 때, 화평과 인격, 겸손과 존중의 태도로 접근해야 합니다.

예배는 그런 점에서 태도와 실천의 변화를 일으키는 중심입니다. 예배는 우리의 존재를 변화시키고, 그 변화된 존재로 세상 속에 살아가도록 파송하는 자리입니다. 말씀과 성례, 찬

양과 기도, 나눔과 헌신이 유기적으로 연결될 때, 교회는 예배 안에서 하나님 나라의 현재성과 미래를 동시에 경험하게 됩니다. 그 경험은 감정적인 고양이 아니라, 공동체적 삶의 방향성을 형성하는 힘이 됩니다.

이처럼 예배가 진정한 메시아적 축제가 되기 위해서는, 모든 참여자가 하나님 나라의 현실을 체험하도록 초대받아야 합니다. 예배는 교회를 세상 속으로 파송하는 출발점입니다. 하나님 나라를 경험한 교회는 그 나라의 복음을 가지고 세상 가운데 나아가며, 열린 공동체로서 삶의 예배를 지속하게 됩니다. 바로 여기서 예배는 건물 안에서 끝나는 것이 아니라, 세상 속에서 계속되는 하나님 나라의 삶이 됩니다.

2. 성만찬을 통해 하나님 나라를 선취하는 교회

예배의 중심에서 성만찬은 하나님 나라의 선취를 가장 뚜렷하게 드러내는 자리입니다. 떡과 잔을 나누는 이 성스러운 식탁은 의례를 넘어, 삼위일체 하나님의 은혜와 임재를 체험하는 사건입니다. 몰트만은 성만찬을 통해 교회가 하나님 나라의 열린 초대를 경험한다고 말합니다. 이는 교회의 내부적인 친교를 넘어, 온 세상과 열방을 향한 하나님의 초대를 상징하는 거룩한 행위입니다.

성만찬은 기억의 행위에 머무르지 않습니다. 그것은 현재적 사건입니다. 성령 안에서 우리는 부활하신 그리스도와 실제로 연결되며, 그리스도의 몸으로서 함께 살아가는 공동체의 실재를 확인하게 됩니다. 성만찬은 예배 속에서 공동체가 하나님 나라의 현재와 미래를 동시에 살아가는 신비로운 지점입니다. 여기에서 우리는 하나님 나라의 보편성과 희망을 새롭게 자각하게 됩니다.

오늘날 성만찬이 더욱 강조되어야 하는 이유는, 상징을 통해 하나님의 진리와 은혜가 얼마나 깊이 있게 전달될 수 있는지를 보여주기 때문입니다.[226] 성만찬은 형식을 넘어 하나님의 실재를 경험하게 되는 자리입니다. 반복되는 성찬례는 매번 새로운 은혜의 통로가 되며, 교회는 이를 통해 영적 생명력을 지속적으로 회복할 수 있습니다.

성만찬은 또한 교회가 열린 공동체임을 드러내는 상징이기도 합니다. 이 식탁은 어떤 차별도 허용하지 않으며, 누구든지 그리스도의 초대에 응답하는 이라면 모두를 환영합니다. 사회적 계층, 인종, 배경의 차이가 이 자리 앞에서 사라지고, 우리는 같은 떡과 잔을 나누며 하나님의 자녀로서 평등하게 서게 됩니다. 이는 교회가 세상 속에서 차별과 분열을 넘어서는 하나님 나라 공동체로 살아가도록 이끄는 강력한 힘이 됩니다.

몰트만은 성만찬을 과거의 사건을 기념하는 데 머물지 않고, 하나님 나라의 현재적 실재를 미리 맛보는 거룩한 연회로 봅니다. 교회는 이 식탁에서 미래의 하나님 나라를 선취하며, 그 소망 안에서 오늘을 살아갑니다. 성찬은 소망의 식탁이며, 해방과 연대, 평화의 약속이 실현되는 자리입니다.

한국교회는 성만찬의 신학적 의미를 더욱 깊이 있게 가르치고, 반복되는 성찬례 속에서 하나님의 임재를 경험하며 하나님의 백성으로서의 정체성을 새롭게 해야 합니다. 성찬은 믿는 자들에게 일상에서 하나님 나라 백성으로 살아갈 수 있는 능력과 방향을 제시해 줍니다. 우리는 이것을 교회 안에서만의 예식이 아니라, 세상 속에서 하나님 나라를 살아내는 실천으로 이어가야 합니다.

성만찬을 통해 하나님 나라를 선취하는 교회는, 다시 세상 속으로 파송되는 공동체가 됩니다. 떡과 잔을 나눈 그 손으로, 세상의 상처를 어루만지고, 이웃을 섬기며, 정의를 실현하는 삶으로 나아갑니다. 교회는 성찬을 통해 받은 은혜를 일상의 삶 속에서 실현함으로써, 세상 한복판에서 하나님 나라를 드러내는 복음의 증인이 됩니다.

3. 열린 공동체로 세상에 하나님 나라를 드러내는 교회

예배와 성만찬을 통해 하나님 나라를 깊이 경험한 교회는, 그 감격을 가슴에 품고 세상 속으로 나아가야 합니다. 교회는 모이는 공동체에 그치지 않고, 세상 가운데로 파송된 공동체입니다. 몰트만은 교회를 '타자를 환대하는 공동체'로 정의하며, 열린 자세로 세상의 아픔과 고통 속에 참여해야 한다고 말합니다. 이는 교회가 하나님 나라의 표지로 살아가야 한다는 부름이며, 모든 이들을 환영하는 공동체가 되라는 소명입니다.

하나님 나라를 꿈꾸는 교회는 사회의 병든 구조를 치유하는 사랑의 공동체가 되어야 합니다. 그것은 자선이나 시혜적 행위를 넘어, 함께 살아가는 존재로서 타인의 삶을 책임지는 연대의 실천입니다. 몰트만이 강조한 대로, 교회는 사회적 약자와 고통받는 이들과 함께하며, 그들의 삶이 존중받고 회복되는 하나님의 나라를 지향해야 합니다. 이것은 교회가 세상에 대한 무관심을 버리고, 구체적인 삶의 자리로 향해야 한다는 요청이기도 합니다.[227]

그 실천의 구체적 모습으로 '환대'가 있습니다. 환대는 일시적인 호의가 아니라, 타자를 위한 자리를 기꺼이 내어주는 행위입니다. 환대는 '누군가가 사람으로 존재할 수 있도록 자리를 내어주는 것'입니다.[228] 교회는 그 자리를 마련하는 공간이어야 하며, 타자의 존재를 인정하고 그들이 안심하고 숨 쉴 수 있는 공동체가 되어야 합니다. 하나님 나라의 공동체는 언제나 중심이 아니라 주변을 향해 마음을 엽니다.

믿음의 여정에서 중요한 것은 단지 나의 신앙을 지키는 것만이 아니라, 타자를 향한 책임을 기꺼이 감당하는 것입니다. 순종의 신앙을 넘어, 타자에 대한 자발적 책임이 그리스도인의 성숙한 자세입니다.[229] 환대는 그 책임을 구체화하는 통로이며, 하나님 나라가 지닌 공동체성과 사회적 확장을 가장 직접적으로 드러내는 방식입니다.

이러한 환대는 식사와 경청이라는 구체적인 행위로 표현될 수 있습니다. 김호경은 예수의 식탁이 모든 경계를 허물었다고 말합니다. 밥을 함께 먹는다는 것은 그 사람의 삶과 자리를 받아들이는 깊은 연대의 표현입니다. 교회는 다양한 배경과 처지를 가진 사람들이 함께 식탁에 둘러앉아 하나님의 은혜를 나누는 자리가 되어야 하며, 그것이야말로 가장 성경적인 공동체의 모습입니다.[230]

또한 환대는 '경청'을 통해 확장됩니다. 경청은 듣는 것만이 아니라, 타인의 삶과 이야기에 자신을 열고 반응하는 깊은 참여입니다. 경청은 '자기 공간을 열어 타인을 초대하는 행위'입니다.[231] 교회는 말하기보다 듣는 훈련이 필요합니다. 경청은 공동체를 건강하게 만들고, 상처받은 이들이 마음을 열게 하는 문이 됩니다.

오늘날 한국교회가 열린 공동체로 하나님 나라를 드러내기 위해서는, 지역사회와의 관계 회복에 힘써야 합니다. 교회는 지역의 아픔에 귀 기울이고, 다양한 문화적 배경을 가진 이들과 함께 살아가는 공동체를 지향해야 합니다. 예배당 안에 머무는 신앙이 아니라, 골목과 시장, 일터와 가정으로 이어지는 하나님 나라의 확장, 그것이 진정한 '열린 교회'의 모습입니다. 교회가 세상의 외로움과 아픔을 품을 때, 비로소 하나님 나라의 따뜻한 빛이 이 땅에 퍼져나갈 것입니다.

C. 하나님 나라를 확장하는 선교 공동체

예배와 성만찬을 통해 하나님 나라를 경험하고, 열린 공동체로 세상을 환대해 온 교회는 이제 그 복음의 이야기를 세상 속에서 능동적으로 펼쳐야 합니다. 교회는 머무는 공동체가 아니라 나아가는 공동체입니다. '나를 따르라'라는 예수님의 부르심은 곧 세상으로의 파송이기도 합니다. 하나님 나라를 경험한 교회는 그 나라를 살아내며, 확장하는 사명을 품고 세상 속으로 발걸음을 옮겨야 합니다.

1. 하나님 나라를 살아내는 교회 : 선교적 존재로 부름받다

몰트만은 교회가 선교를 통해 이해되어야 한다고 말합니다. 교회는 모이는 공동체가 아니라, 하나님 나라를 살아내는 공동체입니다. 하나님 나라는 교회보다 앞서 존재하며, 교회를 포괄하는 더 큰 이야기입니다. 따라서 교회는 하나님 나라를 전적으로 확장하는 주체가 아니라, 하나님의 선교에 참여하는 동역자입니다.

이러한 관점은 교회의 자기중심적 이해를 넘어서게 합니다. 오늘날 한국교회는 '성장'이나 '확장'이라는 표어 아래 교회 규모의 확대에 치중해 왔지만, 이제는 하나님 나라의 가치를 살아내는 방향으로 나아가야 합니다. 삼위일체 하나님의 역사에 겸손히 동참하는 교회, 세상을 향해 열려 있는 교회, 그것이 진정한 선교 공동체입니다.

예수 그리스도께서 성육신하셔서 세상 한복판으로 오셨듯이, 교회 역시 세상 가운데 머물러야 합니다. 지역사회의 아픔에 귀 기울이고, 이웃의 필요에 응답하며, 도시와 마을, 골목과 일터 안에서 하나님 나라의 향기를 퍼뜨려야 합니다. 교회는 존재만으로도 빛이 되어야 하며, 말이 아닌 삶으로 하나님의 사랑을 증언해야 합니다.

하나님 나라를 살아내는 교회는 신앙을 개인의 차원에 가두지 않고, 일상의 자리에서 실천합니다. 직장, 학교, 가정, 온라인 공간까지 삶의 모든 영역에서 우리는 하나님 나라의 백성으로 살아야 합니다. 예배당을 나선 이후가 바로 하나님 나라의 선교 현장입니다.

이러한 교회는 반드시 열린 공동체로 나타나게 됩니다. 세상으로 들어가려면 먼저 교회의 문이 열려 있어야 합니다. 나와 다른 사람, 다른 문화, 다른 언어를 가진 이들에게 교회는 따뜻한 쉼터가 되어야 하며, 하나님의 품이 되어야 합니다. 진정한 선교는 환대의 손길에서 시작됩니다.

하나님 나라를 살아내는 교회는 구호나 계획이 아니라, 교회 존재 방식 자체를 바꾸는 일입니다. 더 이상 유지와 보존에 머무르지 않고, 나아가고 변화하며, 하나님의 뜻을 세상 속에서 실현하는 공동체로 거듭나는 것입니다. 그것이 복음을 살아내는 교회, 하나님 나라를 확장하는 교회의 모습입니다.

이렇게 하나님 나라를 살아내는 교회는, 결국 세상을 향한 선교적 존재로 부름을 받았다는 사실을 매일 새롭게 고백하며 살아갑니다. 교회는 세상 속에 거하며, 세상을 향해 나아가고, 세상의 한복판에서 하나님 나라를 선취하며 살아가는 공동체입니다. 이 부르심에 응답하는 것이, 오늘날 한국교회가 회복해야 할 가장 깊은 정체성입니다.

2. 하나님 나라를 고대하는 교회 : 종말론적 소명과 세상의 책임

하나님 나라를 살아내는 교회는, 동시에 그 나라의 완성을 고대하는 공동체입니다. 교회는 현재를 살아가는 조직이 아니라, 미래를 향한 소망을 품고 오늘을 준비하는 예언자적 공동체입니다. 우리가 고백하는 복음은 현재의 안정만을 위한 것이 아니라, 하나님 나라의 도래를 소망하며 그 나라의 가치를 미리 살아가는 삶입니다. 따라서 교회는 이 종말론적 소명 안에서 자신을 끊임없이 성찰하고 새롭게 다듬어야 합니다.

몰트만은 교회의 존재 목적을 생존이나 성장에 두지 않습니다. 교회는 하나님 나라의 궁극적 실현을 고대하며, 그 소망을 품고 살아가는 종말론적 공동체입니다. 이 소망은 현실에서 도피하게 만드는 것이 아니라, 오히려 지금 여기서 하나님의 정의와 평화, 자유를 실현하려는 능동적인 힘이 됩니다. 교회는 종말의 빛 아래 현재를 비추며, 하나님의 다스림이 이미 시작되었음을 선포하는 공동체여야 합니다.

하나님 나라의 도래는 전 인류와 더불어, 모든 피조물을 향한 구원의 메시지입니다. 몰트만은 하나님의 선교가 인간 중심에 머물지 않고 온 피조 세계를 향한다고 강조했습니다. 교회는 인간 구원에만 관심을 두기보다, 자연 세계와의 조화, 환경과 생명의 존중이라는 더 넓은 차원의 책임을 감당해야 합니다. 하나님 나라의 공동체는 생태적 위기 앞에서 침묵할 수 없으며, 창조 질서를 돌보는 일 역시 복음의 일환입니다.

종말을 고대하는 교회는 세상의 아픔과 불의에 무감각할 수 없습니다. 오히려 교회는 그 고통을 하나님의 고통으로 여기며, 억눌린 자들과 함께 울고, 소외된 이들과 함께 서야 합니다. 종말의 소망은 현실을 외면하지 않고, 지금 이 땅에서 하나님의 뜻을 실현하려는 책임 있는 참여로 이어져야 합니다. 그것이 교회의 존재 이유이며, 하나님 나라의 백성으로 살아가는 방식입니다.

이러한 교회는 기다리는 공동체가 아니라, 준비하는 공동체입니다. 그리스도의 재림을 막연히 기다리는 것이 아니라, 지금 여기서 하나님 나라의 삶을 실현하는 것이 곧 준비입니다. 교회는 예배와 말씀, 섬김과 정의를 통해 미래를 선취하며, 세상 속에 하나님 나라의 향기를 퍼뜨리는 증언이 되어야 합니다.

하나님 나라의 소망은 개인의 내면적인 신앙만을 위한 것이 아니라, 사회 전체를 향한 새로운 질서의 가능성을 제시합니다. 교회는 이 세상의 무너진 구조를 고발할 뿐만 아니라, 대안적 삶의 방식을 실천함으로써 복음을 살아내야 합니다. 정치, 경제, 문화, 환경에 이르기까지 교회는 하나님 나라의 기준으로 세상을 바라보고 행동해야 합니다.

결국 하나님 나라를 고대하는 교회는, 종말을 기다리는 교회가 아니라, 종말을 향해 나아가며 오늘을 새롭게 살아가는 교회입니다. 그 소망은 신비적 상상이 아니라, 정의롭고 평화로운 공동체를 오늘 여기서 실현하려는 구체적인 실천입니다. 이러한 교회야말로 하나님의 영광을 드러내며, 세상을 위한 희망이 될 수 있습니다.

3. 모든 신자가 참여하는 하나님 나라 공동체

하나님 나라의 공동체는 특정한 사람들만의 사역이 아니라, 모든 신자가 참여하는 공동체입니다. 몰트만은 선교를 전문 사역자들에게만 맡겨서는 안 되며, 모든 그리스도인이 하나님 나라의 증인으로 살아가야 한다고 강조합니다. 삼위일체 하나님의 공동체적 존재 방식 안에서, 신자 한 사람 한 사람이 존귀하며, 저마다의 은사와 역할로 공동체를 세워나갈 수 있습니다.

교회는 모든 신자의 참여를 통해 살아 움직이는 몸이 됩니다. 하나님은 각 사람에게 고유한 은사를 주셨고, 그 은사는 공동체를 세우고 세상을 섬기기 위해 주어진 것입니다. 목회자만이 아니라 평신도, 여성과 남성, 청년과 노년, 모든 세대가 각자의 자리에서 하나님 나라를 살아내야 합니다. 교회는 이들이 자유롭게 은사를 펼치고, 책임 있게 참여할 수 있도록 격려하고 돌보아야 합니다.

그러기 위해서는 교회 안의 권력 구조 또한 삼위일체적 평등성과 상호성의 원리에 따라 새롭게 성찰되어야 합니다. 오늘날 한국교회가 직면한 가장 큰 도전 중 하나는 소수의 리더에 의해 운영되는 중앙집중적 구조입니다. 교회는 더 수평적이고 개방적인 구조 안에서, 모든 이가 동등하게 하나님 나라의 동역자로 세워지는 공동체를 꿈꿔야 합니다.

이를 위해 평신도 교육과 훈련은 형식적인 프로그램이 아니라, 신자 한 사람 한 사람이 하나님 나라의 사명을 깨닫고 실천할 수 있도록 돕는 과정이 되어야 합니다. 예배 인도, 말씀 나눔, 봉사와 구제, 지역사회 참여 등 교회의 모든 활동에 평신도가 주체적으로 참여할 수 있도록 길을 열어야 합니다. '모두의 교회'가 되어야 진정한 삼위일체적 공동체가 될 수 있습니다.

또한 교회는 삶의 다양한 자리에서 하나님 나라를 살아내는 신자들의 존재를 귀하게 여겨야 합니다. 직장, 가정, 학교, 병원, 시장… 어디든 하나님의 백성은 존재하며, 그 삶의 자리에서 하나님의 정의와 사랑, 공의와 평화를 드러내는 것이 곧 선교입니다. 교회는 이 일상 속 선교를 적극적으로 인정하고, 삶과 신앙의 통합을 이루어갈 수 있도록 돕는 동반자가 되어야 합니다.

이러한 교회는 성령께서 주시는 다양한 은사들이 자유롭게 발현되는 장이 됩니다. 은사는 결코 위계를 만들기 위한 수단이 아니라, 서로를 위한 섬김이며, 교회를 세우는 도구입니다. 서로를 인정하고 존중하며, 다양한 은사를 통해 하나님 나라의 풍성함을 함께 이루는 공동체야말로 몰트만이 꿈꾸는 살아 있는 교회의 모습입니다.

결국, 모든 신자가 참여하는 교회는 하나님의 선교에 전적으로 동참하는 공동체입니다. 하나님 나라를 살아내는 선교적 교회, 종말론적 소명을 품고 세상을 향한 책임을 다하는 교회, 그리고 모든 신자가 은사에 따라 함께 참여하는 열린 공동체가 바로 우리가 지향해야 할 교회의 모습입니다. 이러한 교회야말로 세상 속에서 하나님의 나라를 선취하며, 참된 소망과 해방의 빛을 전하는 살아 있는 복음이 될 것입니다.

1. 우리 교회는 열린 공동체입니까? 그렇게 느끼는 이유는 무엇입
   니까?

2. 우리 공동체가 더 환대하는 교회가 되기 위해 구체적으로 바뀌어
   야 할 한 가지는 무엇입니까?

3. 선교 공동체로 살아간다는 것은 주일 예배를 넘어 일상의 자리에
   서 무엇을 의미합니까?

4. 각자가 생각하는 선교의 정의를 나누어 보고, 그 정의가 자신의 삶
   과 어떻게 연결되는지 이야기해 보십시오.

5. 우리 교회의 의사 결정은 하나님 나라의 정의와 평화를 충분히 반
   영하고 있다고 느끼십니까?

6. 서로 다른 생각을 가진 이들이 한 공동체로 서기 위해 반드시 필
   요한 태도는 무엇입니까?

7. 앞으로 한 달 동안 우리 공동체가 함께 실천해 볼 수 있는 작은 결
   단을 하나 제안해 보십시오.

나가며
하나님 나라를 살아내는 교회로의 부르심

지금까지 우리는 복음이 개인의 구원이나 교리의 집합이 아님을 확인해 왔습니다. 복음은 삼위일체 하나님의 사랑에서 흘러나오는 하나님 나라의 이야기이며, 교회는 이 사랑과 나라를 세상 가운데 살아내기 위해 부름을 받은 공동체입니다. 복음은 관계의 이야기이며, 하나님과의 사랑의 교제 안으로 인류 전체를 초대하는 초월적이고도 실제적인 메시지입니다.

몰트만의 교회론은 이 복음의 깊이를 따라가며, 삼위일체 하나님의 친교 속에서 교회의 본질을 재발견하게 합니다. 그는 공동체적 교제와 동등성, 상호 의존성을 강조하며, 하나님 나라를 삼위일체 하나님의 역동적인 사역 안에서 이해합니다. 교회는 그리스도로부터 시작되어 성령 안에서 하나님 나라를 선취하며 살아가는 존재입니다. 그리고 이러한 교회는 세상의 고난과 불의 앞에서 침묵하지 않고, 해방과 희망을 증언하는 메시아적 공동체로 살아가야 한다고 몰트만은 말합니다.

우리는 이러한 몰트만의 교회론을 바탕으로 현대 교회의 다양한 흐름과 대화를 시도해 보았습니다. 이머징 교회는 포스트모던 사회의 흐름 속에서 새로운 소통의 방식을 모색하며, 선교적 교회는 하나님 나라의 선교에 적극적으로 참여하는 교회상을 제시합니다. 정치적 교회에 대한 논의에서는 교회의 구조와 언어, 실천 속에 깃든 정치성을 인식하며, 공공성과 책임을 되새겼습니다. 온라인 교회를 통해서는 디지털 시대에 교회의 삼위일체적 공동체성과 성례전적 현실성을 어떻게 구현할 수 있을지를 성찰했습니다.

이제 우리는 다시 질문합니다. 한국교회는 어디로 가야 할까요? 하나님 나라를 지향하는 삼위일체적 공동체로서, 교회는 예배와 성례를 통해 하나님 나라를 경험하고, 세상 속에서 하나님 나라를 선취하는 열린 공동체가 되어야 합니다. 교회는 사회적 약자를 환대하고, 피조 세계를 돌보며, 모든 신자가 하나 되어 하나님 나라를 확장하는 선교 공동체로 살아가야 합니다. 이것이야말로 복음의 전부를 살아내는 길입니다.

그러나 오늘날 한국교회의 현실은 녹록지 않습니다. 교회는 이기적이고 배타적인 모습으로 인해 신뢰를 잃어가고 있으며, 분열과 도덕적 실패로 인해 복음의 증인이 되지 못하고 있습니다. 복음은 지나치게 개인화되고 내세 중심적으로 축소되었으며, 사회적 책임과 현실적 참여에 있어 소극적인 모습을 보여주고 있습니다. 이러한 현실 속에서 교회는 깊이 성찰하고, 다시 복음의 본질로 돌아가야 합니다.

우리는 성경적이고 역사적이며, 현실에 뿌리내린 교회론을 다시 세워야 합니다. 하나님 나라 중심의 교회론은 복음의 광대함을 회복하게 하며, 인간 중심적 교회상을 넘어서 하나님의 영광을 위한 공동체로 우리를 이끌어 줄 것입니다. 교회는 생존을 위한 구조가 아니라, 하나님 나라를 살아내기 위한 존재여야 합니다.

몰트만의 교회론은 공동체성, 희망, 그리고 하나님 나라 중심성을 풍성하게 제시한다는 점에서 우리 시대 교회에 중요한 통찰을 줍니다. 물론, 교회의 조직적 현실이나 문화적 긴장에 대한 고려가 부족하다는 한계도 존재합니다. 우리는 그의 신학을 비판적으로 수용하고, 성경을 기준으로 다양한 교회론과의 대화를 지속해야 합니다.

교회의 주인은 오직 예수 그리스도이십니다. 이 고백은 교리에만 머물러서는 안 됩니다. 교회의 모든 존재와 사역은 이 고백 위에 세워져야 하며, 예수 그리스도의 주되심은 공동체 안에서 살아 있는 실제로 드러나야 합니다. 그분 안에서 우리는 하나가 되며, 그분을 통해 하나님 나라를 이 땅 가운데 살아낼 수 있습니다.

이제 우리가 모두 이 부르심 앞에 겸손히 서야 할 때입니다. 삼위일체 하나님의 사랑과 생명에 깊이 뿌리내리고, 이 땅 가운데 하나님 나라를 선취하며 살아가는 교회를 함께 세워 갑시다. 하나님 나라의 복음이 우리의 삶을 통해 선포되고, 교회를 통해 드러나며, 세상 속에서 그 생명력이 흘러가기를 간절히 소망합니다.

미주

1   Karl Barth, *Church Dogmatics: The Doctrine of God*, IV/1, trans. G. W. Bromiley and T. F. Torrance (London: T.&T. Clark, 2004).

2   Craig G. Bartholomew, Michael W. Goheen, *Drama of Scripture: Finding Our Place in the Biblical Story*, 김명희 역, 『성경은 드라마다: 지금 우리의 자리에서 생동하는 성경 이야기』 (서울: 한국기독학생회출판부, 2009).

3   Scot McKnight, *Kingdom Conspiracy: Returning to the Radical Mission of the Local Church*, 김광남 역, 『하나님 나라의 비밀: 교회의 근본적인 사명 회복하기』 (서울: 새물결플러스, 2016).

4   Christopher J. H. Wright, *Mission of God: Unlocking the Bible's Grand Narrative*, 정옥배·한화룡 공역, 『하나님의 선교: 하나님의 선교 관점으로 성경 내러티브를 열다』 (서울: 한국기독학생회 출판부, 2010), 55–58; John R. W. Stott, *Christian Mission in the Modern World*, 2nd ed. revised and expanded by Christopher Wright, 김명희 역, 『선교란 무엇인가』 (서울: 한국기독학생회출판부, 2018), 44–45.

5   표현 양식은 약간의 차이가 있습니다. 마가와 누가는 '하나님 나라'로, 마태는 '천국'으로, 요한은 '영생'으로 표현합니다.

6   David Wenham, *Paul: Follower of Jesus or founder of Christianity?*, 박문재 역, 『바울: 예수의 추종자인가 기독교의 창시자인가?』 (고양: 크리스챤다이제스트, 2002), 122–23.

7   Jürgen Moltmann, *Der Gekreuzigte Gott: Das Kreuz Christi als Grund und Kritik Christlicher Theologie*, 김균진 역, 『십자가에 달리신 하나님: 그리스도교 신학의 근거와 비판으로서의 예수의 십자가』 (서울: 대한기독교서회, 2017), 176.

8   Matthew W. Bates, *Why Gospel*, 이학영 역, 『예수 왕의 복음』 (서울: 학영, 2024), 57.

9   W. Bauer and F. W. Danker, *A Greek–English Lexicon of the New Testament and Other Early Christians Literature* (BDAG), 3rd ed. (Chicago: University of Chicago Press, 2000), 168–69.

10   George Eldon Ladd, *Presence of the Future: Jesus and the Kingdom*, 원광연 역, 『하나님 나라』 (파주: 크리스천다이제스트, 2016), 152-182.

11   Gerhard Lohfink, *Wie Hat Jesus Gemeinde Gewollt*, 정한교 역, 『예수는 어떤 공동체를 원했나: 그리스도 신앙의 사회적 차원』 (칠곡: 분도출판사, 1985), 55.

12   Scot McKnight, 『하나님 나라의 비밀』, 134-144.

13   R. Bultmann, *Theologie des NT*, 허혁 역, 『新約聖書神學』 (서울: 성광문화사, 1976), 2.

14   Karl Barth, *Das Vaterunser nach den Katechismen der Reformation*, 오성현 역, 『칼 바르트 기도: 종교개혁 교리문답에 따른 주기도 해설』 (서울: 복 있는 사람, 2017), 96-97.

15   Nicholas Wolterstorff, *Until Justice and Peace Embrace*, 홍병룡 역, 『정의와 평화가 입맞출 때까지』 (서울: 한국기독학생회출판부, 2007), 144-45.

16   김근주, 『생각을 깨우는 히브리어 365』 (양평군: 봄이다 프로젝트, 2024), 8.

17   J. Richard Middleton, *New Heaven and a New Earth: Reclaiming Biblical Eschatology*, 이용중 역, 『새 하늘과 새 땅: 변혁적-총체적 종말론 되찾기』 (서울: 새물결플러스, 2015), 402.

18   두 번째 성전이 완성된 기원전 516년경부터 예루살렘이 멸망하고 로마 제국이 헤롯의 성전을 파괴한 70년까지의 유대 역사와 문헌이 속한 시기. Arthur G. Patzia & Anthony J. Petrotta, "제2성전기 유대교", *Pocket Dictionary of Biblical Studies: Over 300 Terms Clearly Concisely Defined*, 하늘샘 · 맹호성 역, 『성서학 용어 사전』 (서울: 한국기독학생회출판부, 2021).

19   솔로몬의 것으로 간주하는 18편의 시편 모음입니다. 비(非)다윗 계열 왕정을 수립한 자들과 성전을 모독했던 자들의 불법성을 묘사함과 아울러, 메시아의 나타나심을 기다리는 의인들의 기대감을 설명하기도 합니다. James R. Mueller, "Introduction to the Pseudepigrapha", *Eerdmans Commentary on the Bible: Old Testament*, 강성열, 김근주, 김동혁 역, 『IVP 성경연구주석 구약: 예언서·구약 외경·위경』 (서울: 한국기독학생회출판부 , 2024), 783.
       이어서 인용된 솔로몬의 시편 본문은 편집자가 추가한 것입니다.
       『솔로몬의 시편』 17:23-25, R. H. Charles 영어 번역본, Wesley Center Online 웹사이트 참조(열람일: 2026.2.18), 번역은 편집자(초벌 번역에 AI 도구 활용)

20   Donald B. Kraybill, *Upside-Down Kingdom*, 김기철 역, 『예수가 바라본 하나

님 나라: 세상 속으로 뚫고 들어오는 하나님 나라의 전복적 삶』 (서울: 복 있는 사람, 2010), 85-86.

21 Jean Ziegler, *Faim Dans Le Monde Expliquee a Mon Fils*, 유영미 역, 『왜 세계의 절반은 굶주리는가? : 유엔 식량특별조사관이 아들에게 들려주는 기아의 진실』 (서울: 갈라파고스, 2007), 31.

22 Roser E. Olson and Christopher A. Hall, *Trinity*, 이세형 역, 『삼위일체』 (서울: 대한기독교서회, 2004), 15.

23 본문의 굵기와 밑줄은 저자가 강조한 것입니다.

24 Reiterer, "שֵׁם(Šēm)", *Theological dictionary of the Old Testament* (TDOT) vol 15, 2006, 128-176.

25 Christopher J. H. Wright, 『하나님의 선교』, 674.

26 Étienne Gilson, *God and Philosophy*, 김진혁 역, 『철학자들의 신: 역사적 개관』 (파주: 100, 2023), 36-42.

27 Terence E. Fretheim, *Suffering of God: An Old Testament Perspective*, 조덕환 역, 『구약에 나타난 하나님의 고통』 (서울: 시들지않는소망, 2024), 79.

28 Jürgen Moltmann, *Work of Love: Creation as Kenosis*, 박동식 역, 『케노시스 창조이론: 신은 어떻게 사랑으로 세상을 만드셨는가?』 (서울: 새물결플러스, 2015), 239-240.

29 A. C. Thiselton, "Perichoresis". *In The Thiselton Companion to Christian Theology* (Grand Rapids: Eerdmans, 2015), 669.

30 Charles Taylor, *Malaise of Modernity*, 송영배 역, 『불안한 현대 사회』, (서울: 이학사, 2001), 10-14.

31 김두식, 『교회 속의 세상 세상 속의 교회: 법학자 김두식이 바라본 교회 속 세상 풍경』 (서울: 홍성사, 2010), 13-33.

32 김진호, "개신교의 배타주의와 타자의 악마화는 필연적인가?", 『지금, 한국의 종교: 가톨릭·개신교·불교, 위기의 시대를 진단하다』 (서울: 메디치, 2016), 49-61.

33 최종원, 『교회, 경계를 걷는 공동체: 한 인문주의자의 성경 읽기』 (서울: 비아토르, 2024), 9-10.

34 이학준, 『한국교회 패러다임을 바꿔야 산다: 변화와 갱신을 위한 로드맵』 (서울: 새물결플러스, 2001), 19. 이 외에도 한국교회가 위기 가운데 있음은 다음 문헌을 참고하였습니다. 문시영, 『교회의 윤리 개혁을 향하여: 공공신학과 교회윤리』 (서울:

대한기독교서회, 2016), 9-15; 김은혜, 『포스트모던 시대의 기독교 윤리문화』 (서울: 대한기독교서회, 2015), 17-23.

35 정재영, 『교회 안 나가는 그리스도인: 가나안 성도를 어떻게 이해할 것인가?』 (서울: 한국기독학생회출판부, 2015), 15-36

36 Stanley Hauerwas and William H. Willimon, *Resident Aliens: Life in the Christian Colony*, 2nd ed., 김기철 역, 『하나님의 나그네 된 백성』 (서울: 복 있는 사람, 2018), 51.

37 Robert Banks, *Paul's Idea of Community*, 장동수 역, 『바울의 공동체 사상』 (서울: 한국기독학생회출판부, 2007), 62.

38 Stanley J. Grenz, *Theology for the Community of God*, 신옥수 역, 『조직신학: 하나님의 공동체를 위한 신학』 (고양: 크리스챤다이제스트, 2003), 663.

39 Frederick William Danker, "ἐκκλησία", *Greek-English Lexicon of the New Testament*, 김한원 역, 『신약성서 그리스어 사전』 (서울: 새물결플러스, 2017), 195.

40 박영호, 『에클레시아: 에클레시아에 담긴 시민공동체의 유산과 바울의 비전』 (서울: 새물결플러스, 2018), 192-94; Robert Banks, 『바울의 공동체 사상』, 61-64.

41 W. Stegemann and E. W. *Stegemann, Urchristliche Sozialgeschichte*, 손성현·김판임 공역, 『초기 그리스도교의 사회사: 고대 지중해 세계의 유대교와 그리스도교』 (서울: 동연, 2012), 419-420; Frederick William Danker, "ἐκκλησία", 『신약성서 그리스어 사전』, 195.

42 Emil Brunners, *Missverständnis der Kirche*, 박영범 역, 『교회를 오해하고 있는가?: 교회에 대한 오해』 (서울: 대서, 2013), 41.

43 Christopher J. H. Wright, 『하나님의 선교』, 263.

44 Nicholas Thomas Wright, *Surprised by Hope: Rethinking Heaven, the Resurrection, and the Mission of the Church*, 양혜원 역, 『마침내 드러난 하나님 나라』 (서울: 한국기독학생회출판부, 2009), 311.

45 Allen Mitsuo Wakabayashi, *Kingdom Come: How Jesus Wants to Change the World*, 이혜림 역, 『웰컴투 하나님 나라』 (서울: 생명의말씀사, 2008), 198-199.

46 Gerhard Lohfink, *Wie Hat Jesus Gemeinde Gewollt*, 정한교 역, 『예수는 어떤 공동체를 원했나: 그리스도 신앙의 사회적 차원』 (칠곡: 분도출판사, 1985), 207-222. 몰트만 또한 세속사회에 대한 대조사회를 이루는 교회에 대하여 주장합니다. 그는 메시아이신 예수와의 형제애가 있는 공동체가 하나님 나라와 성령의 자유를

나타낸다고 강조합니다. Jürgen Moltmann, *The Open Church: Invitation to a Messianic Life-Style* (London: SCM, 1983), 119.

47   Wolfhart Pannenberg, *Theology and the Kingdom of God*, 이병섭 역, 『神學과 하나님나라』 (서울: 대한기독교출판사, 1977), 101.

48   George Eldon Ladd, 『하나님 나라』, 335.

49   결국 하나님 나라는 교회를 포괄하는 개념이며, 전 우주를 범위로 합니다. 반면 교회는 하나님 나라의 약속을 성취해가는 거대한 이야기 속에서 하나님의 언약 가운데 있는 백성들을 말합니다. Herman Ridderbos, 『하나님 나라』, 440.

50   Hans Küng, *Die Kirche*, 정지련 역, 『교회』 (서울: 한들, 2007), 131.

51   Leonardo Boff, *Holy Trinity: Perfect Community*, 김영선·김옥주 공역, 『성 삼위일체 공동체』 (서울: 크리스천 헤럴드, 2011), 77.

52   Miroslav Volf, *After Our Likeness: the Church as the Image of the Trinity*, 황은영 역, 『삼위일체와 교회: 하나님의 형상으로서 교회에 대한 가톨릭·동방 정교회·개신교적 이해를 찾아서』 (서울: 새물결플러스, 2012), 332-33.

53   Jürgen Moltmann, *Erfahrungen Theologischen Denkens: Wege und Formen Christlicher Theologie*, 김균진 역, 『신학의 방법과 형식: 나의 신학여정』 (서울: 대한기독교서회, 2001), 21.

54   Jürgen Moltmann, *Wie ich Mich Geandert Habe*, 이신건 역, 『나는 어떻게 변하였는가』 (서울: 한들, 1998), 26.

55   Jürgen Moltmann, *In der Geschichte des Dreieinigen Gottes: Beiträge zur Trinitarischen Theologie*, 이신건 역, 『삼위일체와 하나님의 역사: 삼위일체 신학을 위한 기여』 (서울: 대한기독교서회, 2017), 329.

56   Jürgen Moltmann, *Weiter Raum: Eine Lebensgeschichte*, 이신건·이석규·박영식 공역, 『몰트만 자서전』 (서울: 대한기독교서회, 2011), 29-37; Moltmann, 『나는 어떻게 변하였는가』, 26.

57   Jürgen Moltmann, Im Ende-der Anfang: Eine Kleine Hoffnungslehre, 곽미숙 역, 『절망의 끝에 숨어 있는 새로운 시작』 (서울: 대한기독교서회, 2006), 55.

58   J. Moltmann, 『몰트만 자서전』, 52.

59   J. Moltmann, 『신학의 방법과 형식』, 22.

60   J. Moltmann, 『몰트만 자서전』, 285-87.

61   J. Moltmann, 『오시는 하나님』, 13; J. Moltmann, 『신학의 방법과 형식』, 17.

62   J. Moltmann, 『예수 그리스도의 길』, 164-165.

63   J. Moltmann, 『성령의 능력 안에 있는 교회』, 159.

64   Jürgen Moltmann, "Theology for Christ's Church and the Kingdom of God in Modern Society", Miroslav Volf, ed., *A Passion for God's Reign* (Grand Rapids, Michigan: Eerdmans, 1998), 55; J. Moltmann, 『하나님의 이름은 정의이다』, 52.

65   J. Moltmann, 『희망의 신학』, 424-25.

66   J. Moltmann, 『오늘 우리에게 그리스도는 누구인가?』, 29-30.

67   Jürgen Moltmann, *Gott im Projekt der Modernen Welt: Beiträge zur Öffentlichen Relevanz der Theologie*, 곽미숙 역, 『세계 속에 있는 하나님』 (서울: 동연, 2009), 9.

68   J. Moltmann, 『삼위일체와 하나님의 역사』, 245.

69   J. Moltmann, 『성령의 능력 안에 있는 교회』, 32.

70   위의 책, 289.

71   위의 책, 290.

72   위의 책, 292-94.

73   위의 책, 297.

74   J. Moltmann, "Theology for Christ's Church and the Kingdom of God in Modern Society", 51-54; Jürgen Moltmann, *God For A Secular Society: The Public Relevance of Theology* (London: SCM, 1999), 251-54.

75   J. Moltmann, 『성령의 능력 안에 있는 교회』, 24.

76   위의 책, 8.

77   J. Moltmann, 『희망의 신학』, 422.

78   위의 책, 419-425.

79   J. Moltmann, 『성령의 능력 안에 있는 교회』, 9.

80   J. Moltmann, 『삼위일체와 하나님의 나라』, 22-23.

81   Kazo Kitamori, *Theology of the Pain of God*, 이원재 역, 『하나님의 아픔의 신학』 (서울: 새물결플러스, 2017), 33-36.

82   Jürgen Moltmann, *Der Gekreuzigte Gott: Das Kreuz Christi als Grund und Kritik Christlicher Theologie*, 김균진 역, 『십자가에 달리신 하나님: 그리스도교 신학의 근거와 비판으로서의 예수의 십자가』 (서울: 대한기독교서회, 2017), 293-978.

83   J. Moltmann, 『삼위일체와 하나님의 나라』, 139-140; J. Moltmann, 『십자가에 달리신 하나님』, 353-59.

84   J. Moltmann, 『삼위일체와 하나님의 나라』, 139-140.

85   E. Bartos, "FELLOWSHIP", *New Dictionary of Theology: Historical and Systematic*, 2nd ed. (Downers Grove: Inter Varsity Press, 2016), 335.

86   J. Moltmann, 『삼위일체와 하나님의 나라』, 269-275.

87   위의 책, 275.

88   김균진, 『현대신학사상: 20세기 현대신학자들의 삶과 사상』 (서울: 새물결플러스, 2014), 534.

89   신옥수, 『몰트만 신학 새롭게 읽기』, 245.

90   김균진, 『기독교신학 1』 (서울: 새물결플러스, 2014), 450.

91   김은혜, 『포스트모던 시대의 기독교 윤리문화』 (서울: 대한기독교서회, 2015), 107-112.

92   J. Moltmann, 『삼위일체와 하나님의 역사』, 142-43.

93   J. Moltmann, 『성령의 능력 안에 있는 교회』, 105-110.

94   위의 책, 488.

95   위의 책, 489-490.

96   R. Bauckham, 『몰트만의 신학』, 203.

97   J. Moltmann, 『하나님의 이름은 정의이다』, 51-52.

98   J. Moltmann, 『성령의 능력 안에 있는 교회』, 130.

99   J. Moltmann, 『예수 그리스도의 길』, 166.

100 Jürgen Moltmann, *Politische Theologie Politische Ethik*, 박종화 역, 『정치신학 정치윤리』 (서울: 대한기독교서회, 2017), 101.

101 J. Moltmann, 『성령의 능력 안에 있는 교회』, 130-31; J. Moltmann, 『정치신학 정치윤리』, 102.

102 J. Moltmann, *God For A Secular Society*, 253.

103 J. Moltmann, 『성령의 능력 안에 있는 교회』, 133.

104 J. Moltmann, 『예수 그리스도의 길』, 171-72.

105 J. Moltmann, 『성령의 능력 안에 있는 교회』, 139-140.

106 J. Moltmann, 『정치신학 정치윤리』, 105.

107 J. Moltmann, 『성령의 능력 안에 있는 교회』, 145-151.

108 J. Moltmann, *The Open Church*, 24.

109 J. Moltmann, 『성령의 능력 안에 있는 교회』, 157–58.

110 J. Moltmann, *The Open Church*, 72; J. Moltmann, 『성령의 능력 안에 있는 교회』, 174.

111 J. Moltmann, 『성령의 능력 안에 있는 교회』, 159.

112 J. Moltmann, 『희망의 신학』, 422.

113 J. Moltmann, 『성령의 능력 안에 있는 교회』, 139.

114 위의 책, 166–172.

115 J. Moltmann, 『정치신학 정치윤리』, 107.

116 J. Moltmann, 『성령의 능력 안에 있는 교회』, 180–81.

117 J. Moltmann, *The Open Church*, 55; J. Moltmann, 『성령의 능력 안에 있는 교회』, 183–85; J. Moltmann, 『삼위일체와 하나님의 나라』, 339–344.

118 J. Moltmann, *The Open Church*, 60–63; J. Moltmann, 『성령의 능력 안에 있는 교회』, 187–190.

119 J. Moltmann, 『정치신학 정치윤리』, 181.

120 J. Moltmann, 『성령의 능력 안에 있는 교회』, 193–202.

121 J. Moltmann, 『예수 그리스도의 길』, 488–89.

122 J. Moltmann, 『성령의 능력 안에 있는 교회』, 204–206.

123 위의 책, 309–310.

124 위의 책, 314–16.

125 위의 책, 328.

126 위의 책, 337.

127 위의 책, 345.

128 J. Moltmann, 『신학의 방법과 형식』, 53.

129 J. Moltmann, *The Open Church*, 72–74.

130 J. Moltmann, 『성령의 능력 안에 있는 교회』, 384–86.

131 J. Moltmann, *The Open Church*, 77–78.

132 위의 책, 38–39.

133 J. Moltmann, 『성령의 능력 안에 있는 교회』, 190.

134 J. Moltmann, *The Open Church*, 27–33.

135 J. Moltmann, 『성령의 능력 안에 있는 교회』, 427–28.

136   위의 책, 440-43.

137   J. Moltmann, 『성령의 능력 안에 있는 교회』, 429-32.

138   J. Moltmann, 『생명의 샘』, 38-41.

139   J. Moltmann, 『성령의 능력 안에 있는 교회』, 290.

140   Bryan D. Spinks, *The Worship Mall: Contemporary Responses to Contemporary Culture* (New York: Church Publishing, 2010). 화이트셀(Bob Whitesel)은 문화의 급변 가운데서 소통하고 반응하는 12개의 교회를 소개합니다. 저자는 이러한 교회들을 통칭하여 'Organic Church'라고 명명합니다. Bob Whitesel, *Inside the Organic Church: Learning from 12 Emerging Congregations* (Nashville: Abingdon Press, 2006).

141   Alan J. Roxburgh, *Joining God, Remaking Church, Changing the World: the New Shape of the Church in Our Time*, 김재영 역, 『교회 너머의 교회: 하나님께 참여하고 교회를 재편하며 세상을 바꾸다』 (서울: 한국기독학생회출판부, 2018), 18. 락스버러(Alan J. Roxburgh)는 이제 교회가 교회 자체에 초점을 맞추는 것이 아니라, 하나님의 사역에 어떻게 참여해야 할지에 초점 맞추어야 한다고 주장합니다.

142   탐 사인(Tom Sine)은 포스트모더니즘으로 접어든 현재 시점에서 새롭게 접근하는 하나님 나라 운동에 관심을 가집니다. 그는 이미 임한 하나님 나라를 창의적으로 표현하는 교회 운동으로서 이머징 교회, 선교적 교회, 모자이크 운동, 수도원 운동을 주목합니다. Tom Sine, *New Conspirators: Creating the Future One Mustard Seed at a Time*, 박세혁 역, 『하나님 나라의 모략』 (서울: 한국기독학생회출판부, 2014), 37-53.

143   Madan Sarup, An Introductory Guide to Post-Structuralism and Postmodernism, 임헌규 편역, 『데리다와 푸꼬, 그리고 포스트모더니즘: 입문적 안내』 (서울: 인간사랑, 1992), 148-159.

144   Samuel Enoch Stumpf and James Fieser, *Socrates to Sartre and Beyond: A History of Philosophy*, 이광래 역, 『소크라테스에서 포스트모더니즘까지』 (서울: 열린책들, 2004), 755-56.

145   Leonard Sweet, *Postmodern Pilgrims*, 김영래 역, 『영성과 감성을 하나로 묶는 미래교회』 (서울: 좋은씨앗, 2002), 73-170.

146   Eddie Gibbs and Ryan K. Bolger, 『이머징 교회』, 26-27.

147   Michael Frost, 『성육신적 교회』, 143-47.

148   Brian D. Mclaren, *More Ready Than You Realize*, 윤혜란 역, 『나는 준비된 전
       도자』 (서울: 미션월드라이브러리, 2004), 191-94.

149   Kevin J. Vanhoozer, "Postmodern Theology", *New Dictionary of Theology:
       Historical and Systematic*, 2nd ed., 690.

150   Dan Kimball, *The Emerging Church*, 윤인숙 역, 『시대를 리드하는 교회: 새로
       운 세대를 위한 전통적 기독교』 (서울: 이레서원, 2007), 61-62. 댄 킴볼은 포스트
       모더니즘이 반드시 부정적인 것만은 아니며, 분별력과 지혜로 접근해야 한다고 말
       합니다.

151   Jimmy Long, *Emerging Hope: A Strategy for Reaching Postmodern
       Generations*, 신현기 역, 『새로운 청년사역이 온다』 (서울: 한국기독학생회출판부,
       2009). 지미 롱 역시 포스트모던 사회가 오히려 공동체성과 영성에 대한 깊은 갈망
       을 품고 있으며, 이러한 필요를 채워줄 수 있는 것이 복음과 공동체라고 강조합니다.

152   James K. A. Smith, *Who's Afraid of Postmodernism?*, 설요한 역, 『누가 포스
       트모더니즘을 두려워하는가?: 데리다, 리오타르, 푸코를 교회로 데려오기』 (파주:
       도서출판100, 2023). 제임스 K. A. 스미스는 한 걸음 더 나아가, 포스트모더니즘이
       기독교 신앙에 대한 위협이 아니라, 오히려 복음의 진리를 더 깊이 이해하고 실천하
       는 데 유익한 자극이 될 수 있다고 주장합니다.

153   Dan Kimball, 『시대를 리드하는 교회』, 22.

154   Eddie Gibbs and Ryan K. Bolger, 『이머징 교회』, 40-41.

155   위의 책, 『이머징 교회』, 68-71.

156   김도훈, "창조성과 하나님 나라: 이머징 교회의 신학에 대한 평가", 『장신논단』 제33
       호 (2009): 167-68.

157   Dan Kimball, 『시대를 리드하는 교회』, 244.

158   김도훈, "창조성과 하나님 나라: 이머징 교회의 신학에 대한 평가", 167.

159   Eddie Gibbs and Ryan K. Bolger, 『이머징 교회』, 80-86.

160   김도훈, "이머징 교회의 교회론에 대한 연구", 『장신논단』 제36호 (2009).

161   D. A. Carson, *Becoming Conversant with the Emerging Church: Understanding
       a Movement and Its Implications*, 이용중 역, 『이머징교회 바로 알기』 (서울: 부흥과
       개혁사, 2009), 85-127.

162   Danielle Shroyer, "The Emergent Village Theological Conversation: A Brief

History" (http://danielleshroyer.com/the-emergent-village-theological-conversation-a-brief-history/), [2025. 1. 31. 접속].

163 2009년 EVTC에서 있었던 몰트만의 강의는 다음 사이트에서 들을 수 있습니다. (https://postbarthian.com/2014/07/14/jurgen-moltmann-emergent-village-theological-conversation-2009/), [2025. 1. 31. 접속].

164 Bob DeWaay, "Emergent Eschatology: The Road to Paradise Imagined", *Critical Issues Commentary*, Spring 2018, 136호. (http://cicministry.org/commentary/issue136.htm), [2025. 1. 31. 접속].

165 Noel B. Woodbridge, "Revisiting Moltmann's *Theology of Hope* in the Light of its Renewed Impact on Emergent Theology", Conspectus: *The Journal of the South African Theological Seminary*, vol. 9, no. 3 (2010), 106 – 113.

166 Doug Pagitt and Tony Jones ed., *An Emergent Manifesto of Hope: Emersion, Emergent Village Resources for Communities of Faith* (Michigan: Baker Books, 2007).

167 Eddie Gibbs and Ryan K. Bolger, 『이머징 교회』, 78

168 Nicholas Thomas Wright, *Paul for everyone: Romans (part 1)*, 신현기 역, 『모든 사람을 위한 로마서 I』(서울: 한국기독학생회출판부, 2010), 257–258.

169 John Howard Yoder, *Original Revolution: Essays on Christian Pacifism*, 김기현·전남식 공역, 『근원적 혁명: 기독교 평화주의에 대한 에세이』(대전: 대장간, 2001), 37–39.

170 Lesslie Newbigin, *The Household of God*, 홍병룡 역, 『교회란 무엇인가?』 (서울: 한국기독학생회출판부, 2010). 169–170.

171 J. Moltmann, 『성령의 능력 안에 있는 교회』, 108–109.

172 Eddie Gibbs and Ryan K. Bolger, 『이머징 교회』, 84.

173 Christopher J. H. Wright, 『하나님의 선교』, 55–58.

174 Stephen B. Bevans and Roger Schroeder, *Constants in Context: A Theology of Mission for Today*, 김영동 역, 『예언자적 대화의 선교』(서울: 케노시스, 2011), 33.

175 David J. Bosch, *Transforming Mission*, 김병길·장훈태 공역, 『변화하고 있는 선교: 선교 신학의 패러다임 변천』(서울: 기독교문서선교회, 2000), 576–77.

176 Karl Barth, *Church Dogmatics: The Doctrine of God*, Ⅳ/1, 725.

177 David J. Bosch, 『변화하고 있는 선교』, 577.

178 Christopher J. H. Wright, 『하나님의 선교』, 579.

179 Michael W. Goheen, *Light to the Nations: The Missional Church and the Biblical Story*, 박성업 역, 『열방에 빛을: 온 세상을 향한 하나님의 선교 이야기』 (서울: 복 있는 사람, 2012), 75.

180 Christopher J. H. Wright, *Mission of Gods People: A Biblical Theology of the Church's Mission*, 한화룡 역, 『하나님 백성의 선교 : 하나님의 백성을 위한 사명 선언서』 (서울: 한국기독학생회출판부, 2012), 55-158.

181 David J. Bosch, 『변화하고 있는 선교』, 578.

182 Christopher J. H. Wright, 『하나님의 선교』, 674.

183 David J. Bosch, 『변화하고 있는 선교』, 578.

184 위의 책.

185 Lesslie Newbigin, 『교회란 무엇인가?』, 165-186.

186 Howard A. Snyder, 『참으로 해방된 교회』, 215.

187 위의 책, 218-220.

188 Michael Frost and Alan Hirsch, 『새로운 교회가 온다』, 26-27.

189 J. Moltmann, *The Open Church*, 121.

190 Darrell L. Guder, Called to Witness: Doing Missional Theology, 허성식 역, 『증인으로의 부르심: 총체적 구원을 위한 선교적 교회론』 (서울: 새물결플러스, 2016), 167-172.

191 Michael Frost and Alan Hirsch, 『새로운 교회가 온다』, 32-33.

192 위의 책, 50-51.

193 위의 책, 62-67.

194 Church of England's Mission and Public Affairs Council, *Mission-Shaped Church: Church Planting and Fresh Expressions in a Changing Context*, 브랜든 선교 연구소 역, 『선교형 교회: 변화하는 상황에서 교회 개척과 교회의 새로운 표현』 (서울: 비아, 2016), 177.

195 J. Moltmann, 『신학의 방법과 형식』, 17.

196 J. Moltmann, 『성령의 능력 안에 있는 교회』, 30.

197 J. Moltmann, 『희망의 신학』, 422.

198 J. Moltmann, 『희망의 신학』, 422.

199 J. Moltmann, 『성령의 능력 안에 있는 교회』, 30-31.

200 J. Moltmann, "*Theology for Christ's Church and the Kingdom of God in Modern Society*", 61.

201 J. Moltmann, 『세계 속에 있는 하나님』, 336-37.

202 H. Richard Niebuhr, *Christ and Culture*, 홍병룡 역, 『그리스도와 문화』 (서울: 한국기독학생회출판부, 2007).

203 John Calvin, *Institutes of the Christian Religion*, 원광연 역, 『기독교 강요 (下)』 (고양: 크리스챤다이제스트, 2003), 583-621.

204 Karl Barth, *Kirchliche Dogmatik*, 최종호 역, 『교회교의학 Ⅳ/2(제10권)』 (서울: 대한기독교서회, 2012), 1003; Karl Barth, *Community, State, and Church*, 안영혁 역, 『공동체, 국가와 교회』 (서울: 엠마오, 1992), 135-152.

205 Oscar Cullmann, *States in the New Testament*, 민종기 역, 『국가와 하나님의 나라』 (서울: 여수룬, 1999), 94-99.

206 Hannah Arendt, *The Human Condition*, 이진우 역, 『인간의 조건』 (서울: 한길사, 2019), 89-94.

207 Michel Foucault, *Discipline and Punish*, 오생근 역, 『감시와 처벌』 (서울: 나남출판, 2003), 57-63.

208 William T. Cavanaugh, *Theopolitical Imagination: Discovering the Liturgy as a Political Act in an Age of Global Consumerism*, 손민석 역, 『신학, 정치를 다시 묻다: 근대의 신학-정치적 상상과 성찬의 정치학』 (서울: 비아, 2019), 11-22.

209 Stanley Hauerwas, *After Christendom?: How the Church is to Behave If Freedom, Justice, and a Christian Nation are Bad Ideas*, 백지윤 역, 『교회의 정치학: 기독교 세계 이후 교회의 형성과 실천』 (서울: 한국기독학생회출판부, 2019).

210 J. Moltmann, 『정치신학 정치윤리』, 231-34.

211 위의 책, 245-250.

212 Zygmunt Bauman, *Liquid modernity*, 이일수 역, 『액체 현대』 (서울: 필로소픽, 2022), 35-57.

213 Sherry Turkle, *Alone Together: Why We Expect More from Technology and Less from Each Other*, 이은주 역, 『외로워지는 사람들: 테크놀로지가 인간관계를 조정한다』 (서울: 청림출판, 2012), 57-61.

214 Don Tapscott, Grown Up Digital: How the Net Generation is Changing

Your World, 이진원 역, 『디지털 네이티브: 역사상 가장 똑똑한 세대가 움직이는 새로운 세상』 (서울: 비즈니스북스, 2009), 22-38.

215 신옥수, 『몰트만 신학 새롭게 읽기』, 130.

216 Elisabeth Moltmann-Wendel & J. Moltmann, *Humanity in God* (New York: Pilgrim Press, 1983), 88.

217 Elisabeth Moltmann-Wendel & J. Moltmann, *Humanity in God*, 95.

218 Miroslav Volf, 『삼위일체와 교회』, 354-55.

219 이도영, 『페어처지: 공교회성 · 공동체성 · 공공성을 회복하는 선교적 교회』 (서울: 새물결플러스, 2017), 348.

220 John Pritchard, *Why Go to Church?*, 한문덕 역, 『교회: 왜 교회에 가야 하는가? 교회는 무엇을 위해 존재하는가?』 (서울: 비아, 2017), 20.

221 John Jefferson Davis, *Worship and the Reality of God: An Evangelical Theology of Real Presence*, 김대혁 역, 『복음주의 예배학: 예배와 하나님의 실재하심』 (서울: 기독교문서선교회, 2017), 29-30.

222 N. T. Wright, *For All God's Worth: True Worship and the Calling of the Church*, 최현만 역, 『톰 라이트 예배를 말하다』 (서울: 에클레시아북스, 2010), 19.

223 James K. A. Smith, *Desiring the Kingdom: Worship, Worldview, and Cultural Formation*, 박세혁 역, 『하나님 나라를 욕망하라: 예배 · 세계관 · 문화적 형성』 (서울: 한국기독학생회출판부, 2016), 207.

224 Don E. Saliers, *Worship as Theology*, 김운용 역, 『거룩한 예배: 임재와 영광에로 나아감』 (서울: 예배와 설교 아카데미, 2010), 14.

225 Marva Dawn, A Royal *"Waste" of Time*, 김병국·전의우 공역, 『고귀한 시간 '낭비': 하나님을 예배함과 세상을 위한 교회됨의 광휘』 (서울: 이레서원, 2004), 114-15.

226 김순환, 『21세기 예배론: 전통과 현대의 만남을 추구하며』 (서울: 대한기독교서회, 2003), 42.

227 Jürgen Moltmann, *Diakonie im Horizont des Reiches Gottes: Schritte zum Diakonentum aller Gläubigen*, 정종훈 역, 『하나님 나라의 지평 안에 있는 사회선교: 사회선교를 향한 그리스도교 신앙인들의 발걸음』 (서울: 대한기독교서회, 2017), 50-51.

228 김현경, 『사람, 장소, 환대』 (서울: 문학과지성사, 2015), 193.

229 김기석, 『고백의 언어들: 나의 인생, 나의 하나님』 (서울: 복있는사람, 2024), 182.

230 김호경, 『예수의 식탁 이야기: 처진 어깨를 도닥거리는 위로와 초대』 (서울: 두란노, 2024), 86

231 Adam S. McHugh, *Listening Life: Embracing Attentiveness in a World of Distraction*, 윤종석 역, 『경청, 영혼의 치료제』 (서울: CUP, 2018), 30.

다시 읽는 복음

초판 발행 2026년 3월 3일

지은이 모중현
펴낸이 박지나
펴낸곳 지우
출판등록 2021년 6월 10일 제399-2021-000036호
이메일 jiwoopublisher@gmail.com
인스타그램 instagram.com/jiwoopub
페이스북 facebook.com/jiwoopublisher
유튜브 youtube.com/@jiwoopub

ISBN 979-11-93664-14-8　03230

지우

겸손하고 선한 그리스도인들을 위한
좋은 책을 만듭니다.